Del lado de los pobres

Gustavo Gutiérrez

Gerhard Ludwig Müller

Del lado de los pobres

Teología de la liberación

SAN PABLO

Tel. 917 425 113 - Fax 917 425 723
E-mail: secretaria.edit@sanpablo.es - www.sanpablo.es

Título original: *An der seite der armen. Theologie der Befreiung*
Textos del alemán traducidos por *Roberto Heraldo Bernet*

Distribución: SAN PABLO. División Comercial
Resina, 1. 28021 Madrid
Tel. 917 987 375 - Fax 915 052 050
E-mail: ventas@sanpablo.es
ISBN: 978-84-285-4350-7
Depósito legal: M.32.901-2013
Impreso en Artes Gráficas Gar.Vi. 28970 Humanes (Madrid)
Printed in Spain. Impreso en España

Prefacio

Josef Sayer

Dos teólogos han escrito en este libro: Gustavo Gutiérrez, el conocido teólogo de la liberación peruano, de más de 76 años de edad, y Gerhard Ludwig Müller, profesor de Dogmática en Múnich, nombrado en 2002 obispo de Ratisbona. Dos teólogos provenientes de dos mundos experienciales diferentes. Aun así, en el pensamiento de estas dos personas unidas por la amistad (Gutiérrez concelebró en la ordenación episcopal de Gerhard Ludwig Müller) hay importantes paralelos y convicciones fundamentales en común.

Con Gustavo Gutiérrez me encontré por primera vez personalmente en 1978 con ocasión de una entrevista. Dos fueron las impresiones que me llevé de ese encuentro. Primero, que Gutiérrez es una persona que lucha apasionadamente en torno a la pregunta: «¿Cómo puede hablarse del amor de Dios frente a la miseria de los pobres y la injusticia en el mundo?». Esta pregunta fundamental de la teología de la liberación ya no me ha dejado tampoco a mí desde entonces. Y la segunda impresión es que una entrevista es un método inadecuado para encontrarse con Gustavo Gutiérrez. Durante mi posterior trabajo en Perú tuve muchas ocasiones para conocer a Gutiérrez en conferencias y cursos, en misas y en medio de los pobres. La cercanía a los pobres lo caracteriza: aparte de su actividad teológica –o habría que decir, más correctamente, justo *en razón* de ella–, él fue siempre también sacerdote en una comunidad en medio de un barrio de chabolas. Así, Gutiérrez sorprende siempre en su reflexión teológica con ejemplos tomados de esa praxis. Una prueba de ello: «Una mujer de las chabolas me ha enseñado que lo contrario de "alegría" no es "dolor", sino tristeza. Quien cae en la tristeza no ve futuro alguno, no tiene esperanza. El pueblo que sufre, los pobres, tienen esperanza, y sus celebraciones litúrgicas están llenas de belleza, esperanza y alegría. Los pobres celebran fiestas llenas de alegría».

Gutiérrez se ha caracterizado siempre de nuevo por lo mucho que aprende de los pobres, o sea, por ver en ellos realmente a sujetos. La vida de los pobres no lo ha dejado tranquilo desde que regresara de Perú a Europa. Fue también su especial capacidad para la percepción y el análisis de la realidad social y de las condiciones de vida de los pobres la que hizo que se convirtiera en el «padre de la teología de la liberación»: en 1968 tenía que dictar una conferencia sobre la «teología del desarrollo» –en correspondencia con el espíritu de aquel tiempo–. Modificando el tema desde su propia perspectiva, Gutiérrez dio forma a la conferencia como «teología de la liberación». Las ideas fundamentales de dicha exposición las amplió en el libro homónimo, y en el curso de los años ha producido una obra científica que ha hecho historia en la teología.

Para muchas personas, la obra de Gutiérrez representa uno de los enfoques teológicos más innovadores del siglo XX. Como toda teología «nueva», también la teología de la liberación ha tenido que rendir cuentas ante sí misma y ante la Iglesia acerca de la medida en que podían reconocerse y actuaban en ella los elementos esenciales de la tradición cristiana. Esta prueba la ha dado la teología de la liberación, no en último término, a través de las obras de Gutiérrez, en las que el compromiso por los pobres se une a una profunda –en el mejor de los sentidos– espiritualidad y mística católicas. La determinante importancia histórica de la teología de la liberación estriba en que ha ayudado a la Iglesia a redescubrir el compromiso por la justicia y el anuncio integral de la Buena Nueva a los pobres y, especialmente, a través de los pobres como uno de sus imperativos sustanciales. Los reconocimientos centrales de la teología de la liberación –la reflexión sobre la creciente brecha entre pobres y ricos, las estructuras de pecado y la opción preferencial de Dios por los pobres– son fecundas sobre todo en la doctrina y el anuncio del papa Juan Pablo II. Cuando alguien le dice a Gustavo Gutiérrez que apenas se menciona ya la teología de la liberación y que los mejores tiempos de esa teología ya han pasado, el teólogo peruano responde sonriendo que, sin embargo, había un hombre que hablaba siempre, y muy bien, de ella: Juan Pablo II, cuando se empeñaba sin cesar por la opción preferencial por los pobres. El nombre «teología de la liberación» no le importa, dice Gutiérrez, e insiste en ello una y otra vez. Lo que le importa es la realidad de la vida de los pobres. Mientras esta siga siendo mala y miserable –y la palabra evoca la misericordia de Dios–, hay que mantener viva la inquietud de la teología de la liberación.

En tal sentido, la teología de la liberación, dada por muerta por sectores interesados, se encuentra ciertamente al comienzo de un muy largo camino. Además, en la historia de aproximadamente 35 años que ha vivido –sobre todo en la Iglesia católica de Latinoamérica, pero no solo allí–, tiene para exhibir éxitos notables. En 1968 los obispos de Latinoamérica se reunieron en la ciudad colombiana de Medellín. Esta conferencia se considera como la hora del nacimiento oficial de un movimiento que extrajo del Evangelio no solamente el imperativo de la ayuda caritativa a los pobres, sino también de orientaciones concretas para una transformación de la sociedad.

Si bien la extendida pobreza e injusticia en ese continente «católico», como también más allá de él, están muy lejos de haber sido superadas, dentro de la teología y de la Iglesia la actitud frente a la pobreza y la miseria se ha transformado de forma decisiva. La Iglesia y la teología han tomado consciencia de que la creciente brecha entre pobres y ricos no es solamente una consecuencia más o menos casual de circunstancias económicas y sociales, sino una expresión de pecado estructural que está en contradicción con el orden de la creación, y más aún: que constituye, en definitiva, una blasfemia contra Dios. Para la teología de la liberación, la existencia de la pobreza e injusticia no es simplemente una cuestión de ética social junto a otras. Antes bien, la teología de la liberación muestra con claridad que con ellas está en juego la pregunta sobre Dios mismo. No se trata, por tanto, solamente del séptimo mandamiento, sino también, y en primera línea, del primer mandamiento. La reivindicación absoluta del ídolo llamado mercado, a la que se someten los intereses fundamentales de la vida de una gran parte de la humanidad, se encuentra en contradicción con la profesión de fe en el único Señor del mundo y de la historia, que se ha mostrado y demostrado como aquel que toma partido por los pobres y excluidos.

Gustavo Gutiérrez ha fundado una teología que parte de la experiencia de los pobres con Dios y de la «experiencia de Dios» con los pobres: ¿Cómo puede hablarse del amor de Dios frente a la miseria de los pobres? ¿Qué pasa con la esperanza de los pobres? En los trabajos teológicos de Gustavo Gutiérrez se refleja la reflexión sobre los pobres –pero también *de los pobres*– del Perú y del mundo entero sobre su pasado, su presente y su futuro. Sin lugar a dudas, esta reflexión sobre la extendida injusticia y la miseria de los pobres podría suscitar un estado de ánimo depresivo y hasta llevar a la desesperación si los mismos pobres no comprendieran su pasado, y presente, pero sobre todo también su futuro a la luz de la fe en Dios –y si no hubiesen experimentado a Dios como un Dios que está de su lado–. Gustavo Gutiérrez transmitió a la teología esa esperanza de los pobres y la vertió en un lenguaje de teología sistemática. De ese modo nos hizo comprender que los pobres tienen un futuro no porque sean «moralmente» buenos o en virtud de sus méritos y capacidades, sino porque Dios es bueno y así lo quiere. Él es quien ha hecho en Jesucristo su opción preferencial por los pobres.

Gerhard Ludwig Müller conoció personalmente a Gustavo Gutiérrez en 1988, concretamente en el marco de un seminario teológico para profesores de teología en Perú que se extendió durante cinco semanas. Después de una intensa preparación e iniciación en la obra teológica de Gustavo Gutiérrez, estos profesores llegaron a Perú y se sumergieron en las realidades sociales y pastorales de las parroquias de los barrios de chabolas y hasta de las comunidades de campesinos en los Andes peruanos. Tras una ulterior fase de reflexión teológica de esa experiencia de la praxis siguió un taller intensivo de una semana con Gustavo Gutiérrez en Lima. Esos días colmados de discusión teológica con Gutiérrez constituyeron no solo la base de una relación y amistad duradera entre ambos teólogos, sino que hicieron asimismo que Müller se volcara hacia la Iglesia y la teología de Latinoamérica. Lo que resulta sumamente inusual en un profesor de una universidad alemana se hizo para él una obviedad reiterada: a lo largo de quince años pasó en Latinoamérica entre seis y ocho semanas de sus períodos no lectivos, enseñó en diferentes seminarios, sobre todo en Cuzco, Perú, dictó cursos de verano para candidatos al sacerdocio y –hay que destacarlo especialmente– conoció la cruda realidad en la que viven los pobres. En dichas ocasiones el obispo Müller vivió durante semanas en parroquias de campesinos situadas en alturas de entre 3.000 y 4.300 metros, compartió la vida dura y llena de privaciones de esos pobres, visitó también las aldeas más alejadas ascendiendo por empinados senderos de montaña y durmió en el suelo apisonado de las casas de ladrillos de los campesinos. Hacer teología latinoamericana en el sentido de la teología de la liberación significa conocer la realidad en la que viven los pobres y tomarla como punto de referencia de la reflexión teológica. Hacer teología de esa manera significa conectar de la forma más estrecha fe y vida.

Aquí aplicó Müller de forma muy concreta lo que había discutido en muchos encuentros con Gutiérrez. Su proveniencia de una familia de trabajadores que tuvo que sobrellevar las privaciones del tiempo de la posguerra ayudó a Müller a exponerse de forma consecuente a la realidad de vida de los pobres. En muchas conferencias en Europa y en una serie de escritos abogó por una mejor comprensión de la Iglesia y la teología de Latinoamérica, en especial por la teología tal como la desarrollara Gustavo Gutiérrez.

A pesar de que la teología de la liberación como la enseña Gutiérrez se refiere, naturalmente, a las circunstancias y los hechos específicos que se dan en Latinoamérica, esclarece al mismo tiempo de manera fundamental, como procura señalar siempre de nuevo Müller en sus publicaciones sobre el tema, que la Iglesia no debe adoptar en ninguna parte del mundo una actitud autorreferencial, interesándose solamente por sus seguidores. Ella tiene una obligación para con la humanidad entera y para con la sociedad concreta en la que ella misma vive y existe. Ser cristiano significa comprometerse siempre y también por los derechos políticos, económicos, sociales y culturales fundamentales de los hombres y por su dignidad como hijos de Dios –y, con ello, por una sociedad más humana–.

El presente libro, *Del lado de los pobres. Teología de la liberación,* es el fruto de la reflexión de ambos teólogos, Gutiérrez y Müller. El libro arroja luz sobre el papel de la Iglesia y de la Teología en la era de una globalización de estilo neoliberal, fijada unilateralmente en lo económico. Con la caída del telón de acero y el derrumbe de las dictaduras comunistas, muchos profetizaron el triunfo definitivo del capitalismo. Pero esta globalización económica ampliamente unilateral tiene que verse y valorarse a la luz de los principios de la justicia social, como no se cansó de acentuar Juan Pablo II en su doctrina social y en muchos discursos en ocasión de sus viajes. Aquí cabe tener especialmente en cuenta la opción preferencial por los pobres y la visión de la realidad a la luz de la Biblia. En esto se funda el enfoque de una teología cristiana actual de la liberación. Esto mismo lo esclarece Gutiérrez de manera especial en su extenso artículo «¿Dónde dormirán los pobres?», que expuso en el marco de un coloquio teológico de tres días en el seno de un reducido grupo *en presencia del cardenal Ratzinger,* entonces prefecto de la Congregación para la Doctrina de la Fe. En el libro *La sal de la tierra,* Ratzinger hace alusión explícita a Gustavo Gutiérrez: «Entramos en diálogo con él –un diálogo que, en parte, he mantenido yo personalmente con él– y llegamos a un entendimiento cada vez mayor. Esto nos ayudó a nosotros a comprenderlo mejor, y, por otra parte, él reconoció la unilateralidad de su obra y continuó realmente el desarrollo de dicha obra hacia una forma de "teología de la liberación" apropiada y con posibilidad de futuro».

Este libro pregunta por la importancia de la teología de la liberación para la teología actual en su conjunto y para la vida eclesial actual y califica la teología de la liberación como una tarea eclesial necesaria e integral. En el «Mensaje al mundo» que el papa Juan XXIII dirigiera poco antes de la apertura del concilio Vaticano II, habló el pontífice de la Iglesia «en particular como la Iglesia de los pobres». El primer fruto de esas exhortaciones fueron las constituciones conciliares *Lumen gentium* y *Gaudium et spes.* Después, esos impulsos fundamentales –también sociales– del Concilio siguieron operando en la teología de la liberación de Latinoamérica. Y mientras existan la enorme injusticia y las enfermedades que conducen a la muerte de los pobres porque, a causa de la injusticia, no reciben tratamiento; mientras existan también otros perjuicios estructurales que se traducen en más de 830 millones de personas hambrientas en el mundo entero a pesar de que existe una riqueza como nunca antes la ha habido; mientras exista asimismo enfermedad y postergación, etc., tiene que haber y habrá teología de la liberación, pues Dios nos ha liberado a todos en Jesús para la libertad (cf Gál 5,1).

1
La teología: una función eclesial[1]

Gustavo Gutiérrez

En estas páginas quisiéramos presentar algunas consideraciones sobre cómo vemos el papel actual y las tareas futuras de la reflexión teológica en la vida de la Iglesia presente en América Latina y el Caribe.

Partimos de la convicción de que la tarea teológica es una vocación que se suscita y se ejerce en el seno de la comunidad eclesial. En efecto, su punto de partida es el don de la fe en la que acogemos la verdad de la palabra de Dios, y sus aportes están al servicio de la misión evangelizadora de la Iglesia.

Esta ubicación le da a la teología su razón de ser, precisa sus alcances, la nutre con las fuentes de la Revelación: Escritura y Tradición, la enriquecen con el reconocimiento del carisma del Magisterio y el diálogo con él, y la pone en contacto con otras funciones eclesiales.

Evangelización y teología

¿Cuál es el papel de la teología en la responsabilidad evangelizadora que incumbe al conjunto de la Iglesia? «La

---

[1] Publicado en Páginas 130, Cep, Lima (diciembre de 1994) 10-17.

teología –dice el documento sobre la vocación del teólogo– ofrece su contribución para que la fe sea comunicable». A los cristianos, claro está: ella juega, en efecto, un papel importante dentro de la Iglesia; pero comunicación también, y de modo especial, a «aquellos que no conocen todavía a Cristo»[2]. La perspectiva misionera, inquieta por las aspiraciones y preocupaciones de quienes están lejos de, o no comparten, la fe cristiana, da su más hondo sentido a la inteligencia de la fe.

En ese dinamismo, en el de una «verdad que tiende a comunicarse»[3], se inserta el quehacer teológico. La teología es una tarea que se lleva a cabo en una Iglesia, convocada por la Palabra. Desde allí, desde «el interior de la Iglesia», se anuncia la verdad que libera (cf Jn 8,32), la salvación en Jesucristo, y se lleva a cabo la reflexión teológica.

Eso es lo que Santo Domingo llama «el ministerio profético de la Iglesia»[4], a él pertenece el servicio que los teólogos deben prestar (n. 33). Su contenido es la proclamación de Cristo y de su liberación integral, anuncio que debe ser hecho en un lenguaje fiel al mensaje y que resulte elocuente a nuestros contemporáneos. Ese es el punto preciso de la contribución de la teología, por esa razón ella debe entrar en diálogo con la mentalidad y la cultura de los auditores de la Palabra. De este modo podrá aportar eficazmente a una pastoral que motive a sus destinatarios a seguir el testimonio y las enseñanzas de Jesús.

En esta tarea «el teólogo, sin olvidar jamás que también es un miembro del pueblo de Dios, debe respetarlo y

---

[2] CONGREGACIÓN PARA LA DOCTRINA DE LA FE, *Donum veritatis. Sobre la vocación eclesial del teólogo*, 1990, 7.

[3] Ib.

[4] JUAN PABLO II, *Discurso inaugural en Santo Domingo*, 7.

comprometerse a darle una enseñanza que no lesione en lo más mínimo la doctrina de la fe»[5]. De otro modo, corre el peligro de que las urgencias del momento le dificulten ver los requerimientos de la integridad del mensaje. No cumpliría entonces su función de servicio al cometido evangelizador de la Iglesia y de sus Pastores. En efecto, «la libertad propia de la investigación teológica se ejerce dentro de la fe de la Iglesia»[6]. La teología es un hablar de Dios a la luz de la fe, un lenguaje sobre quien es, en verdad, su único tema. Al misterio de Dios debemos acercarnos con respeto y humildad; pero, en una perspectiva bíblica, misterio no significa algo que debe permanecer secreto. El misterio debe más bien ser dicho y comunicado. Ser revelado pertenece a la esencia misma del misterio (cf Rom 16,25-26). La teología se constituye entonces en «ciencia de la Revelación cristiana»[7]. Al mismo tiempo el teólogo debe ser consciente de que su esfuerzo no puede agotar los alcances de la Palabra contenida en la Escritura y transmitida por la tradición viva de la Iglesia en la que se sitúa el carisma del Magisterio[8]. Además «el depósito de la fe» presente en la Iglesia no se limita a responder a nuestros interrogantes, también plantea nuevas cuestiones, nos exige constantemente una inteligencia de la fe.

De otro lado, el hablar sobre Dios se da en una realidad histórica siempre cambiante. En ella vive la comunidad eclesial. Ninguna dimensión de la existencia humana,

---

[5] *Donum veritatis*, 11.

[6] Ib.

[7] CONGREGACIÓN PARA EDUCACIÓN CATÓLICA, *La formación teológica de los futuros sacerdotes*, 18.

[8] «Como palabra de Dios puesta por escrito, la Biblia tiene una riqueza de significado que no puede ser completamente captado en una teología sistemática ni quedar prisionero de ella» (PONTIFICIA COMISIÓN BÍBLICA, *La interpretación de la Biblia en la Iglesia*, PPC, Madrid 1994, 108).

que discurre en medio de complejas situaciones sociales, escapa a la condición de discípulo de Jesús. De esa realidad surgen constantemente retos al discurso sobre la fe. Por eso, la Conferencia episcopal de Santo Domingo, en el ámbito latinoamericano en que se sitúa, habla de una labor teológica que impulse «el trabajo a favor de la justicia social, los derechos humanos y la solidaridad con los más pobres» (n. 33). Necesidades urgentes entre nosotros.

Por esas razones el lenguaje ideológico tiene mucho de aproximativo; debe, en consecuencia, estar siempre dispuesto a la renovación de perspectiva, la precisión de conceptos y la rectificación de formulaciones. De ahí igualmente el surgimiento permanente de nuevos caminos en nuestro hablar acerca de Dios que busca expresar en términos apropiados la verdad revelada; todo ello con la clara convicción de que –según una afirmación tradicional– ninguna teología se identifica con la fe. El pluralismo teológico, dentro de la unidad de la fe, es un hecho de vieja data en la Iglesia[9]. En ese contexto las diferentes teologías son útiles e importantes esfuerzos, pero a condición de que no se consideren únicas e indispensables y sean conscientes de su papel de modesto servicio a las tareas primeras de la Iglesia.

Un momento en América Latina

Cuando la fe cristiana, acogida y vivida en la Iglesia, experimenta nuevos retos para su comunicación a otros, la teología se pregunta –a ello está siempre llamada– por la pertinencia de la reflexión que realiza sobre el mensaje

[9] *La formación teológica de los futuros sacerdotes,* 64.

revelado. Hay numerosos testimonios históricos de este hecho. Es el momento de renovar dicha reflexión yendo, una vez más, a las inagotables fuentes de la fe que alimentan la vida de la Iglesia.

La pobreza es un tema evangélico y un desafío que ha estado siempre presente a lo largo de la historia de la Iglesia. Pero las denuncias de Medellín («inhumana miseria»), Puebla («pobreza antievangélica») y Santo Domingo («intolerables extremos de miseria»), hicieron que la situación de pobreza, que padece la gran mayoría de la población de América Latina y el Caribe, surgiese con toda su crudeza ante nuestros ojos. Se trataba de una realidad secular, pero que golpeó de forma nueva la conciencia humana y cristiana, y que por lo mismo planteó exigentes retos a la tarea eclesial. El «otro» de una sociedad que lo margina y excluye se hizo presente demandando solidaridad. La pregunta fontal: ¿cómo decirle al pobre, al último de la sociedad, que Dios lo ama?, ha demostrado su fecundidad en la acción pastoral de la Iglesia y en el camino teológico emprendido para responder a ella.

Ante la muerte injusta y temprana que implica la pobreza, «el noble combate por la justicia» (Pío XII) adquiere caracteres dramáticos y urgentes. Tomar conciencia de ello es una cuestión de lucidez y honestidad. Es necesario, además, superar la mentalidad que coloca esos hechos en un campo exclusivamente político en el que la fe tiene poco o nada que decir; esta actitud expresa el «divorcio entre la fe y la vida» que Santo Domingo ve todavía hoy como capaz de «producir clamorosas situaciones de injusticia, desigualdad social y violencia» (n. 24). Sin embargo, reconocer los conflictos sociales como un hecho no debe de ninguna manera significar que se propugne el enfrentamiento social como método de cambio en la sociedad.

No podemos por eso aceptar «la lucha programada de clases»[10].

Estamos, qué duda cabe, en un terreno controvertido y resbaladizo. El riesgo de reduccionismos o de expresiones interpretables en ese sentido, se presenta entonces limitante y amenazante. Es fácil ser absorbido por los aspectos emocionales de la situación, experimentar una cierta fascinación ante lo que tiene de nuevo, o sobreestimar el valor de las ciencias sociales. Estas son necesarias para conocer la realidad económico-social, pero se trata de intentos que están en sus primeros pasos; en esas condiciones hablar de un conocimiento científico del universo social no puede ser considerado como algo definitivo y apodíctico, ni como completamente libre de adherencias ideológicas[11]. A propósito de la distinción de tres niveles en la noción de liberación, Puebla nos previene por eso que «la unidad de estos tres planos» implica que «el misterio de la muerte y resurrección de Jesucristo debe vivirse en los tres planos (...) sin hacer exclusivo ninguno de ellos» (n. 326). Esto es la liberación integral en Cristo que nos lleva a la plena comunión con Dios y con los demás (cf *Lumen gentium,* 1). La liberación social y política no debe ocultar de ningún modo el significado final y radical de la liberación del pecado que solo puede ser obra del perdón y de la gracia de Dios. Es importante para ello afinar nuestros modos de expresión para que no den lugar a confusiones al respecto.

Es necesario estar atentos a esos peligros y reafirmar el nivel propio y directo del Evangelio; su contenido es el

[10] JUAN PABLO II, *Laborem exercens,* 11.

[11] Acerca del papel de las ciencias humanas en el trabajo teológico y del necesario discernimiento crítico a operar en ellas para evitar que acarreen cosmovisiones ajenas, e incluso contrarias, a la fe, ver *Donum veritatis,* 10; y las dos instrucciones sobre la teología de la liberación. Cf también G. GUTIÉRREZ, *La verdad os hará libres,* Lima 1986, 22-23; 83-85.

Reino, pero este debe ser acogido por personas que viven en la historia y, por consiguiente, el anuncio de su Reino de amor, de paz y de justicia incide en la convivencia social. Sin embargo, las demandas evangélicas van más allá del proyecto político de una sociedad diferente. Ella será justa, y en cierto modo nueva, en la medida en que coloque en su centro la dignidad de la persona humana, dignidad que para un cristiano tiene su fundamento último en la condición de «imagen de Dios» que Cristo salva al restablecer la amistad de los seres humanos con Dios.

Las realidades sociales conflictivas no pueden hacer olvidar las exigencias de un amor universal que no reconoce fronteras de clase social, raza o género. La afirmación de que el ser humano es agente de su destino en la historia debe ser hecha de modo tal que se perciba con nitidez la iniciativa gratuita de Dios en el proceso salvífico, sentido último del devenir histórico de la humanidad. Efectivamente, el don de Dios «que nos amó primero» (1Jn 4,19) enmarca y da su lugar a la acción humana como respuesta libre a ese amor.

En estas cosas existen deslizamientos posibles, y de hecho han ocurrido. Tampoco han faltado las dificultades de comprensión ante nuevos temas y nuevos lenguajes. Se produjo de este modo un debate sobre la teología de la liberación que incluso desbordó el ámbito eclesial, para entrar en el ancho y agitado mundo de los medios de comunicación. No obstante, más allá de las apariencias y de discusiones ardorosas, un proceso de fondo tenía lugar en estos años, caracterizado por una confrontación seria y respetuosa, objeciones fundadas, petición de precisiones necesarias de quienes tienen autoridad para ello en la Iglesia, valoración de la sensibilidad al signo de los tiempos que significa la aspiración a la liberación, una legítima presentación de dudas, interés por una teología cercana a las comunidades cristianas.

Todo ello nos conduce a percibir que el intento de captar teológicamente nuevas realidades ha de ser constantemente clarificado. Las imperfecciones de lenguaje deben ser superadas y corregidas las formulaciones inexactas a través de conceptos que no den lugar a equívocos en materia de doctrina de fe. En efecto, la reflexión teológica lleva siempre la huella del momento y las circunstancias en que se elabora. Eso vale, de manera particular, para el intento realizado en estos años de América Latina. En ellos ha sido necesario afrontar situaciones difíciles, responder a retos inéditos a la inteligencia de la fe, de modo que se pudiera llegar –dentro del soplo misionero propio de la teología– a todos aquellos que no perciben la significación del Evangelio para esas realidades y para su vida.

Importa ante todo ser lúcido acerca de esos riesgos y limitaciones, escuchar con humildad las opiniones divergentes. Esta actitud se desprende –es oportuno anotarlo– de la comprensión del sentido del trabajo teológico en tanto servicio a la misión evangelizadora de toda la Iglesia al que ya nos hemos referido. En teología es necesario estar siempre dispuesto a «modificar las opiniones propias», en función del servicio a «la comunidad de los creyentes»[12]. Ese es el sentido del trabajo teológico, por ello se afirma con razón que «no puede prescindir de la doctrina y de la experiencia vivida en el ámbito de la Iglesia, en la cual el Magisterio custodia e interpreta auténticamente el depósito de la fe»[13].

---

[12] JUAN PABLO II, *Discurso a los teólogos en Altötting* (noviembre de 1980).

[13] *La formación teológica de los futuros sacerdotes*, 21.

Anunciar el Reino hoy

Por todo ello, porque el proceso ha sido complejo, difícil, pero simultáneamente rico, una perspectiva capital se ha abierto paso llevando con ella lo mejor de la experiencia eclesial de este tiempo. Nos referimos a la opción preferencial por el pobre que, nacida de la experiencia y de la práctica de las comunidades cristianas latinoamericanas, se expresó inicialmente en Medellín y fue acogida explícitamente en Puebla. Dicho enfoque forma parte hoy, como es sabido, del Magisterio universal de la Iglesia; lo atestiguan numerosos textos de Juan Pablo II y de diversos episcopados no latinoamericanos. Si algo debe quedar de este ciclo de América Latina y de la Iglesia, es precisamente esta opción como compromiso exigente, expresión de un amor siempre nuevo y eje de una nueva evangelización del continente.

Una serie de acontecimientos económicos, políticos y eclesiales, tanto de orden mundial como latinoamericano y nacional, hacen pensar que está concluyendo la etapa en la que nació y caminó la reflexión teológica recordada páginas atrás. Los años pasados fueron estimulantes y creativos por una parte, tensos y conflictivos por otra. Ante las nuevas situaciones (el agravamiento de la pobreza y la pérdida de vigencia de ciertos proyectos políticos, por ejemplo) muchas de las discusiones anteriores no responden a los retos actuales.

Todo parecería indicar que comienza un período distinto. Cada vez se hace más necesario el concurso de todos para enfrentar los enormes cuestionamientos que nos presenta la realidad latinoamericana. Hay una reconstitución del tejido social en el que habíamos buscado situar el anuncio del Reino, ella exige nuevas prácticas liberadoras.

Estas deben estar atentas a no caer en el «verticalismo de una desencarnada unión espiritual con Dios ni en un simple personalismo existencial (...) ni mucho menos en el horizontalismo socio-económico-político» (Puebla, 329). Ambas desviaciones, cada cual a su manera, afectan, al mismo tiempo, la transcendencia y la inmanencia del reino de Dios.

El tono convocador de los textos de Santo Domingo responde a ese requerimiento, hace por eso una llamada enérgica a la participación de todos en la nueva evangelización del continente. Dicha preocupación había estado presente desde la preparación en Medellín, pero cobró nueva fuerza con la vigorosa llamada de Juan Pablo II en Haití (1983), el país más pobre y olvidado de América Latina. Dirigiéndose al CELAM, el Papa habla de «una evangelización nueva. Nueva en su ardor, en sus métodos, en su expresión». Santo Domingo hizo de esta perspectiva uno de sus temas centrales y una de sus líneas pastorales prioritarias. La reflexión teológica elaborada en contexto latinoamericano tiene acá un terreno fecundo en su colaboración con la tarea evangelizadora de la Iglesia. Aprovechando aciertos y evitando fallos de los años previos, el discurso sobre la fe debe ayudar a encontrar la ruta y el lenguaje para anunciar a «los pobres de este continente» la necesidad del «evangelio de la liberación radical e integral»; no hacerlo –añade Juan Pablo II– sería defraudar y desilusionar a esos pobres[14].

Santo Domingo estudia un segundo tema del cual deduce una importante línea pastoral: la promoción humana. No se trata de un punto ajeno o extrínseco a la evangelización. Numerosos textos del Magisterio en los

---

[14] Carta a los obispos de Brasil (abril de 1986).

últimos años han recordado con vigor que promover la dignidad humana forma parte de la tarea evangelizadora. Dignidad que se ve cuestionada por «el más devastador y humillante flagelo que vive América Latina y el Caribe» constituido por «el creciente empobrecimiento» de millones de latinoamericanos, consecuencia en gran parte de «la política de corte neoliberal» predominante en el continente (Santo Domingo, 179).

La hondura del problema es tal que convoca, sin escapatoria, a toda la Iglesia a hacerle frente. La reflexión bíblica sobre la pobreza y las experiencias de solidaridad de años anteriores son aquí de gran utilidad, pero ello no debe ocultar lo distinto y lo delicado de la presente situación. La renovación de la enseñanza social de la Iglesia emprendida enérgicamente por Juan Pablo II no solo da pautas para una auténtica y actual armonía social, y para la construcción de una sociedad justa y nueva con total respeto por la vida y la dignidad humana; sino que enriquece la tarea teológica, y ofrece un campo fecundo de estudio en función del ámbito social e histórico de América Latina. Esos textos nos recuerdan que los valores de paz, justicia y libertad no son únicamente metas de un compromiso social, sino que deben inspirar desde ahora los métodos para lograr una sociedad humana respetuosa de los derechos de todos.

La nueva evangelización deberá ser una evangelización inculturada. Inculturación es un término nuevo para designar una antigua realidad que para un cristiano tiene resonancias de encarnación. La Palabra debe encarnarse en mundos, situaciones y culturas diversas. Con ello no solo su trascendencia no queda afectada, sino que más bien es reafirmada. Esta perspectiva ha puesto el dedo en la llaga en un continente de tan gran diversidad racial y cultural. Las culturas y los valores de los diferentes pueblos indígenas y de la población negra de América Latina constituyen una gran riqueza que debe ser apreciada y respetada por quienes tienen la responsabilidad de anunciar el Evangelio. Estamos ante una tarea inmensa y urgente, que apenas ha sido iniciada, y un estimulante desafío a la reflexión teológica.

Tres temas, tres líneas pastorales prioritarias (cf Santo Domingo, 287-301); y, por consiguiente, tres terrenos de una re-flexión teológica que, como lo hemos apuntado, quiere estar al servicio del anuncio del «Evangelio de la Liberación».

Asumir esas perspectivas es renovar «la opción evangélica y preferencial por los pobres, siguiendo el ejemplo y las palabras del Señor Jesús» (Santo Domingo, 180). Cristo es, en efecto, el fundamento último de esa opción, y de dichas líneas pastorales.

Él, en tanto que «Hijo del Dios vivo», es «la única razón de nuestra vida y fuente de nuestra misión» (Santo Domingo, 296; cf también 4-15 y 159-165). Por esa razón la opción preferencial por el pobre no solo nos exige conocer con seriedad y responsabilidad la realidad y las causas de la pobreza; no solo nos conduce a hacer más eficaz nuestra opción pastoral y a profundizar la reflexión teológica. Dicha opción debe marcar también nuestra espiritualidad; es decir, el seguimiento de Jesucristo que es «el camino, la verdad y la vida» (Jn 14,6). Su vida, su muerte y su resurrección ponen su impronta en el derrotero histórico de la Iglesia y de cada cristiano.

El teólogo, como todo creyente, debe emprender el camino del seguimiento de Jesús. Para ello deberá, como María, conservar «todas las cosas en su corazón» (Lc 2,51); es decir, los hechos y las palabras en las que Dios se revela. Cualquiera que sea el contexto histórico en que viva, por tensas que sean las situaciones que deba afrontar, ese seguimiento significa llevar una vida alimentada, según dice con frecuencia Juan, por la voluntad del Padre. La dimensión contemplativa, la práctica orante es esencial a la vida cristiana.

En términos concretos y bellos Puebla nos invitó «a descubrir en los rostros sufrientes de los pobres el rostro del Señor» (nn. 31-39). Santo Domingo reitera esa convocación y nos propone alargar además la lista de esos rostros sufrientes que pueblan nuestro continente (cf nn. 178 y 179). Ese descubrimiento y esa solidaridad es el camino histórico privilegiado por el cual el Espíritu nos conduce al Padre a través de Jesucristo.

2
Experiencia liberadora: impulsos para la teología europea

Gerhard Ludwig Müller

A mi juicio, el movimiento eclesial y teológico que después del concilio Vaticano II halló eco en todo el mundo bajo el nombre de «teología de la liberación» es una de las corrientes más significativas de la teología católica del siglo XX.

Si es cierto que el Concilio fue el acontecimiento decisivo de la historia de la Iglesia en el siglo XX, entonces la historia de la teología en el siglo XX puede dividirse en dos fases, a saber, una de preparación, aproximadamente desde finales de la I Guerra mundial, y otra de procesamiento y aplicación, después del Concilio, a partir de 1965.

Para la época que se inicia en 1920 hay que evocar todos los *movimientos de renovación*, por ejemplo, el movimiento bíblico-litúrgico, los grandes esbozos de la doctrina social católica y la renovación de la comprensión de la Iglesia, que condujeron hacia el Concilio, dejaron en él su impronta y, en los documentos conciliares, fueron incorporados a la tradición integral de la Iglesia.

Después hay que mencionar los diferentes movimientos inspirados por el Concilio, que recogen los impulsos y las orientaciones del Concilio y quieren aplicarlos a los grandes retos del mundo moderno. Aquí corresponde ciertamente la mayor importancia a la teología de la liberación, en el entorno de las dos constituciones *Lumen gentium* y *Gaudium et spes*.

Si queremos comprender qué cambio de rumbo se produjo realmente en el Concilio no debemos dirigir la mirada solamente a algunas afirmaciones de contenido: tenemos que considerar también las nuevas categorías a las que se ha recurrido para la exposición del origen y la misión de la Iglesia en el mundo actual. La Revelación no se entiende como información sobre hechos sobrenaturales que aceptamos exteriormente con obediencia en virtud de la autoridad de Dios a fin de ser premiados después de la muerte con la bienaventuranza en el otro mundo. Antes bien, la Revelación es la autocomunicación del Dios trino en la encarnación del Hijo y en la efusión del Espíritu Santo, de modo que Dios mismo pueda ser reconocido y aceptado como verdad y vida de cada ser humano y como aquel contenido que determina la meta de la historia de la humanidad.

Según ello, la Iglesia no es una comunidad religiosa entre otras, que aplican de forma más o menos pura los ideales de su fundador y pueden medirse de acuerdo a un *ethos* de consecución de la felicidad humana en clave ilustracionista, aquello que en el actual paradigma del pluralismo religioso se encomia como «praxis de salvación». Antes bien, la Iglesia es en Jesucristo signo e instrumento de la voluntad universal de salvación de Dios para con todos los hombres. La Iglesia como comunión de los creyentes sirve a la humanidad con la palabra de Dios, con el ofrecimiento sacramental de su salvación creadora de vida y con la demostración de la «pro-existencia» (el existir-para-los-otros) de Jesucristo en la diaconía de los pobres, los desvalidos y los hombres que han sido burlados en cuanto a su dignidad y sus derechos.

En el Concilio son determinantes formas de pensamiento filosófico-antropológico de lo personal, de lo dialógico y comunicativo. Así, el destinatario de la autocomunicación de Dios es tomado enteramente en serio como persona, y como persona en relación con su inserción corporal y material en el ámbito de la historia, la sociedad y la cultura. De allí surge que la Iglesia, y con ella toda comunidad eclesial y cada cristiano individual, tiene que asumir, a partir de la fe, una responsabilidad por la sociedad humana en su conjunto en los ámbitos del mundo del trabajo, de la economía internacional, de la justicia social e individual, de la paz en el mundo, etc. –sin que ello implique que ella, que como comunidad tiene su identidad a través de la fe en Cristo y se distingue claramente de otras comunidades de fe o religiones, haga una reivindicación de totalidad frente a la sociedad–.

Después de esta primera determinación, general pero enteramente valorativa, de la posición de la teología de la liberación en la historia de la teología del siglo XX hay que poner de relieve los impulsos e interacciones que se dan entre la teología latinoamericana y la europea. Para ello quisiera destacar, en un primer paso, los resultados de vigencia permanente de la teología de la liberación, y reflexionar en un segundo paso la relación con el contexto europeo. En un tercer paso, más allá de la formulación de los temas, se trascenderá la clásica contraposición entre el «nosotros» en Europa y «los otros» en Latinoamérica hacia una perspectiva universal del *«nosotros* como Iglesia universal» al «servicio *en pro* del mundo».

Una nueva comprensión de la teología: reflexión teológica al servicio de la praxis liberadora de Dios

En cuanto al concepto, la «teología de la liberación» proviene del título de una conferencia que Gustavo Gutiérrez dictó en 1968 en Chimbote, en el norte de Perú. Esta formulación sirve también de título a su libro *Teología de la liberación*, de 1971, con el que la teología de la liberación se hizo mundialmente conocida. La nueva edición revisada[1] contiene también una amplia introducción. En ella, Gutiérrez aclara conceptos equívocos como, por ejemplo, la opción preferencial por los pobres, la lucha de clases, la teoría de la dependencia, el pecado estructural o social. Al mismo tiempo, desmiente de forma convincente los reproches de horizontalismo e inmanentización del cristianismo, que nunca debe ser instrumentalizado para el programa ideológico de un supuesto paraíso en la tierra creado por hombres. A diferencia de la teología de proveniencia europea, volcada hacia lo existencial, la teología de la liberación no se pregunta solamente qué aportan Dios, la gracia y la revelación para la autocomprensión de los cristianos en el seno de la burguesía bien situada y socialmente asegurada. La teología de la liberación entiende por trabajo teológico la participación transformadora –y, con ello, práctica– en el actuar liberador universal inaugurado por Dios por el cual la acción histórica del hombre es llamada al servicio de la liberación y humanización del hombre y capacitada para él.

Cabe destacar que la teología de la liberación no es una construcción teórica surgida en un escritorio. La teología

---

1 Lima 1988[6]; Salamanca 1990[14].

de la liberación se ve en continuidad con el desarrollo integral de la teología católica en los siglos XX y XXI. Con vistas a las nuevas estructuras sociológicas que han resultado del cambio radical hacia la sociedad industrial moderna, hacia la globalización de los mercados y hacia el entrelazamiento internacional de todos los sistemas de información, se remite aquí a la *doctrina social de los papas*, comenzando por la encíclica *Rerum novarum*, de León XIII, pasando por la encíclica *Populorum progressio*, de Pablo VI, hasta llegar a Juan XXIII, que dijo que la Iglesia tenía que estar del lado de los pobres. A ello se agregan los extensos documentos doctrinales y las actividades del papa Juan Pablo II.

Una fuente especial para la teología de la liberación es la Constitución pastoral sobre la Iglesia en el mundo actual, *Gaudium et spes*, del Vaticano II. Ya en la Constitución sobre la Iglesia, *Lumen gentium*, el Concilio había presentado a la Iglesia no como una comunidad religiosa separada del mundo y autosuficiente, sino como el sacramento de la salvación en el mundo. En cuanto la Iglesia actúa como signo e instrumento para la unidad de Dios con los hombres y de los hombres entre sí, se presenta como servidora de aquella salvación que Dios ha constituido de forma históricamente única y definitiva en Jesucristo y que él ha hecho, en el Espíritu Santo, principio permanente de la historia de la humanidad y de la construcción de una sociedad digna del hombre. Así, las grandes conferencias de los obispos latinoamericanos celebradas en Medellín (1968), Puebla (1979) y Santo Domingo (1992) se entendieron como una aplicación y concreción del desarrollo general de la teología católica en el siglo XX en el contexto social, cultural e intelectual del subcontinente latinoamericano. Para esto es esencial también la nueva comprensión de Iglesia del Vaticano II, que abarca a toda Latinoamérica. La escisión de la Iglesia en un pequeño círculo de responsables –obispos, sacerdotes y religiosos– que pertenecen al estrato blanco de la población o que han llegado como misioneros extranjeros por un lado, y por el otro una población pasiva de origen indígena, solo atendida con el ofrecimiento de ritos religiosos y mantenida en dependencia, es completamente incompatible con la comprensión de Iglesia del Concilio.

Según la indicación bíblica y la verdadera tradición de la eclesiología, todos los laicos, hombres y mujeres, como también los sacerdotes extranjeros y los nativos –estos últimos en creciente número e importancia–, catequistas y religiosas, se comprenden como portadores de la misión integral de la Iglesia. Los muchos miles de comunidades de base son una prueba viva de una identificación inmediata del pueblo con la Iglesia. La Iglesia no es ya solamente Iglesia *para* el pueblo ni tampoco solamente Iglesia *del* pueblo, sino que la Iglesia *es* pueblo de Dios en el seno de los pueblos y a partir de los pueblos de la tierra, y, de ese modo, ella es el pueblo de Dios para el mundo. Los pobres y marginados se comprenden a sí mismos en virtud de un profundo encuentro interior con el Evangelio como personas ante Dios, en cuanto intervienen como portadores activos de la vida de la comunidad eclesial y, de ese modo, cumplen la misión de la Iglesia como sacramento de la salvación en el mundo. Con ello surge también una nueva comprensión de la teología. El teólogo profesional no se encuentra frente a los fieles o a los no versados en teología como el experto en religión, sino que, al igual que todos los discípulos, se comprende a sí mismo como oyente y discente ante el único maestro y palabra de Dios: Jesucristo. De ese modo, entra en el contexto de la experiencia de fe y de la religiosidad viva del pueblo, es decir, de la comunidad de aquellos que profesan la fe en Jesucristo y que se atreven a tomar el camino de su seguimiento en la existencia –existencia para otros–. Participa así en sus sufrimientos y esperanzas. De ese modo, la teología de la liberación es, en el mejor sentido de la palabra, teología surgida a partir de la comunidad, teología contextual. Así se supera la brecha entre una teología universitaria erudita y una reflexión creyente de las experiencias concretas de las comunidades.

En su libro *Dios o el oro de las Indias* (Lima 1989; Salamanca 1990), Gutiérrez muestra mediante un ejemplo el camino que va de una teología que se limita a la reflexión a una teología que surge del seguimiento de Cristo y que, de ese modo, sirve también a la liberación. Se trata del camino liberador del célebre fraile dominico y posterior obispo Bartolomé de Las Casas, que a comienzos de la época colonial española se presentó junto a muchos otros teólogos de los dominicos y jesuitas como precursor en la lucha por los derechos humanos y la dignidad humana de los indios. Por lo demás, es demasiado poco conocido que fueron sobre todo los teólogos españoles, entre ellos Francisco de Vitoria en Salamanca, los que, con su crítica a la dependencia tutelada de la población nativa de Latinoamérica, encaminaron ya doscientos años antes de la Ilustración los temas de los derechos humanos y del derecho internacional.

La teología de la liberación no se funda en una nueva revelación. Solo quiere ser una nueva manera de poner de relieve la cooperación de los cristianos en la praxis de Dios que transforma el mundo.

De ese modo llega Gutiérrez de alguna manera a una definición descriptiva: «La teología como reflexión crítica de la praxis histórica es así una teología liberadora, una teología de la transformación liberadora de la historia de la humanidad y, por ende, también, de la porción de ella –reunida en *ecclesia*– que confiesa abiertamente a Cristo. Una teología que no se limita a pensar el mundo, sino que busca situarse como un momento del proceso a través del cual el mundo es transformado: abriéndose –en la protesta ante la dignidad humana pisoteada, en la lucha contra el despojo de la inmensa mayoría de los hombres, en el amor que libera, en la construcción de una nueva sociedad, justa y fraternal– al don del reino de Dios»[2]. Hay que subrayar que salvación y liberación son sinónimos de la confrontación global y total del hombre con Dios, que en Jesucristo ha entrado en relación con el hombre sufriente y necesitado de salvación. Gutiérrez distingue en la liberación o en el pecado *tres* dimensiones: el pecado es, en lo más íntimo, una ruptura de la amistad con Dios y con el prójimo, y, por eso, es la raíz de toda esclavitud interior y exterior del hombre. Esto se pone de manifiesto en otro aspecto: en que tenemos que desprendernos de la esclavitud interior respecto de los poderes de una ambición inescrupulosa de ganancias, intentando, en un tercer nivel, superar, en el sentido del seguimiento de Cristo, la opresión, marginación y explotación y los mortíferos desórdenes económicos y sociales que en ellas se manifiestan –es decir, el pecado social y estructural como manifestación del pecado personal–.

En este contexto hay que diferenciar también los conceptos de *pobreza* y *hambre*. Desde una perspectiva bíblica, pobreza significa, primeramente, la miseria que deshonra

---

[2] G. GUTIÉRREZ, *Teología de la liberación. Perspectivas*, Sígueme, Salamanca 1990[14], 72.

al ser humano; después, la necesidad universal de salvación de los hombres a los que se anuncia el Evangelio; y, finalmente, pobreza como apertura y disponibilidad espiritual para el servicio al reino de Dios. La pobreza como consejo evangélico no significa en modo alguno que un cristiano entre libremente en una situación indigna del ser humano. Quien como cristiano consagrado en la vida religiosa promete pobreza renuncia a tener propiedad personal para introducirse totalmente con la oración y el trabajo en la misión de la comunidad religiosa, por ejemplo, al servicio de los enfermos o de las personas que han caído en la miseria, o bien en el servicio a la formación e instrucción en la escuela o la universidad. En este sentido debe entenderse la célebre formulación del papa Juan Pablo II, que en una carta a los obispos de Brasil destacó la necesidad de la teología de la liberación. Por dicha formulación se dejó inspirar cuando, en Villa El Salvador, una barriada pobre de Lima, exclamó ante millones de personas: «El hambre de pan debe resolverse; el hambre de Dios debe permanecer».

La teología de la liberación no es una sociología con guarnición religiosa, o una suerte de «socioteología». La teología de la liberación es teología en sentido estricto.

La base es la fe en que Dios ha creado al hombre como imagen suya y en que Dios, en su Hijo Jesucristo, se ha comprometido por el hombre hasta el extremo de que Jesús asumió la muerte a la que lo habían condenado sus adversarios. La meta es hacer reconocible en todas las dimensiones de la vida humana a Dios como Dios de la vida y como vencedor de la muerte. La teología de la liberación supera todos los dualismos que quieren relegar a Dios al más allá y la salvación a la interioridad. El hombre se encuentra en la tensión interior de ser interpelado por Dios en la creación, en la historia de la salvación y en la esperada plenitud más allá de los límites de la muerte individual y del fin general de la historia. La fe cristiana significa participar con el entendimiento y la acción en el proceso de transformación de la historia que Dios ha inaugurado definitivamente en la acción salvífica de Jesucristo como movimiento hacia él. En modo alguno se habla aquí de un primado de la ortopraxis sobre la ortodoxia. Cuando se habla del primado de la praxis no se está entendiendo, ni mucho menos, una reducción del cristianismo a ética. Se trata, por el contrario, de una participación en la praxis de Dios en el amor, que solo puede conocerse mediante la fe en la palabra de la autorrevelación de Dios.

Con ello surgen para la teología tres pasos metódicos:

Primero: mediante la fe, los cristianos participan activamente, siguiendo a Jesús, en la praxis de Dios por la liberación del hombre para su dignidad personal y su salvación. La teología de la liberación recurre también, en el análisis social, a los métodos de las ciencias humanas y sociales. Por eso se distingue de la teología clásica, puesto que no tiene como interlocutora a la sola filosofía. Aquí tienen su justificación las preguntas críticas de la Congregación para la Doctrina de la Fe *(Libertatis nuntius,* 1984), en cuanto se exigió un juicio más diferenciado de los resultados de las ciencias sociales y de los estrechamientos ideológicos que a menudo se asocian a ellas. Las antropologías empíricas tienen que clarificarse a la luz de una antropología filosófica y teológica y, de ese modo, hacerse fecundas para el planteamiento de la pregunta teológica. Como es sabido, en la segunda declaración de la Congregación para la Doctrina de la Fe *(Libertatis conscientiae,* 1986) se hizo una valoración de la teología de la liberación en un sentido global. Que la teología no se interesa solamente por una interpretación de textos y actos cristianos dentro de la inmanencia de la fe, sino que solo puede realizar su servicio a la verdad del hombre en diálogo con la filosofía y las ciencias humanas y sociales es algo que ha sido puesto recientemente de relieve con todo énfasis por la encíclica *Fides et ratio*.

Como *segundo* paso metódico se da ahora la reflexión crítica y racional del análisis social sobre las causas nacionales e internacionales, como también sobre las dimensiones históricas y estructurales de la miseria de las masas a la luz del Evangelio y conforme a la revelación.

Por último, el *tercer* paso tiene que consistir en una transformación activa, críticamente reflexionada, de la realidad empírica. Pues la meta es el señorío de Dios en la tierra, como lo anunciara Jesús. El señorío de Dios debe entenderse como un principio dinámico que transforma la situación de los hombres que sufren por estar alienados de Dios por el resorte de la plasmación individual y social de la vida humana. De ahí surge la opción preferencial por los pobres y por los hombres a los que se ha despojado de su dignidad humana. La opción de los pobres no excluye a los ricos. Pues también ellos son destinatarios de la acción liberadora de Dios, en cuanto son liberados del temor con el que piensan tener que apoderarse de la vida solo a costa de otros. El actuar liberador de Dios frente a pobres y ricos tiene por meta la transformación del hombre en sujeto y, con ello, su libertad frente a toda forma de opresión y dependencia.

Que la redención debe entenderse como actuar liberador se manifiesta ya en el Antiguo Testamento en la experiencia del Éxodo. Dios no remite a los israelitas cautivos a un futuro mejor en el más allá, sino que los conduce a la tierra prometida, que es una tierra de libertad. El actuar liberador de Dios culmina en el acontecimiento de Cristo. Jesús anunció el señorío de Dios como Evangelio para los pobres, los marginados, los enfermos. Jesús demostró el actuar liberador de Dios también frente a la resistencia de los pecadores, en cuanto demostró hasta con su propia muerte el amor de Dios como fundamento de la existencia humana en la vida y en la muerte. A través de la cruz y muerte de Jesús, Dios ha cualificado el mundo como campo en el que se impone la nueva creación. Por eso, la cruz es la revelación de la opción de Dios por los que sufren, por los que han sido privados de sus derechos, por los torturados y asesinados. En la resurrección de Jesús de entre los muertos Dios ha mostrado ya de forma originaria y ejemplar para todos lo que es realmente la vida y cómo la libertad puede traducirse en un poder existir para los demás y en una lucha por condiciones existenciales dignas del ser humano.

El fruto esencial de la teología de la liberación puede caracterizarse de la siguiente manera según Gustavo Gutiérrez: «Si la reflexión teológica no lleva a vitalizar la acción de la comunidad cristiana en el mundo, a hacer más pleno y radical el compromiso de caridad; si, más en concreto, en América Latina, no lleva a la Iglesia a colocarse tajantemente y sin cortapisas mediatizantes del lado de las clases oprimidas y de los pueblos dominados, esa reflexión habrá servido de poco [...]. Hay que cuidarse de no caer en una autosatisfacción intelectual, en un tipo de triunfalismo hecho de eruditas y avanzadas «nuevas» visiones del cristianismo. Lo único realmente nuevo es acoger día a día el don del Espíritu que nos hace amar en nuestras opciones concretas por construir una verdadera fraternidad humana; en nuestras iniciativas históricas por subvertir un orden de injusticia, con la plenitud con que Cristo nos amó. Parafraseando el conocido texto de Pascal, podemos decir que todas las teologías políticas, de la esperanza, de la revolución, de la liberación, no valen un gesto auténtico de solidaridad con las clases sociales expoliadas. No valen un acto de fe, de caridad y de esperanza comprometido –de una manera u otra– en una participación activa por liberar al hombre de todo lo que lo deshumaniza y le impide vivir según la voluntad del Padre»[3].

La teología de la liberación en el ámbito de la tensión Latinoamérica-Europa

La teología de la liberación tuvo en los años setenta y ochenta una gran resonancia en Europa. El interés por Latinoamérica creció enormemente, sobre todo entre los cristianos jóvenes. En el contexto del cambio de consciencia que se produjo en la revolución estudiantil, con la crítica a la mentalidad capitalista burguesa centrada en el bienestar, la teología de la liberación fue recibida como refuerzo de una teología política. A una interioridad piadosa reducida al ámbito privado se opuso el servicio profético de la Iglesia a la sociedad y, con él, la fuerza transformadora del Evangelio frente a estructuras de dependencia, explotación y abuso de poder. Por el contrario, los opositores de la transformación social hablaban del peligro de una inmanentización de la fe y de una mezcla de posiciones teológicas con análisis social neomarxista.

[3] Ib, 339s.

Tras la caída del muro de Berlín y el derrumbe del bloque oriental dominado por el comunismo, a muchos observadores les pareció solo cuestión de tiempo que Latinoamérica tuviese que abandonar su resistencia y la protesta, articulada en la teología de la liberación, contra la ya secular explotación y marginación –primero por parte de las potencias coloniales y, después, de los centros económicos de Norteamérica y Europa–. La distribución de los papeles entre países ricos y pobres, «dada por la naturaleza», parecía estabilizarse de nuevo. Solo puede ser responsabilidad del virus del marxismo –así se decía– que los hombres se resistan de pronto a su explotación como mano de obra barata y a la retirada de las materias primas de sus países a precios irrisorios, que ya no quieran renunciar a una atención médica básica, a una administración estatal orientada por el derecho y la ley, a la escolarización y a una vivienda en circunstancias dignas del ser humano.

Con el sentimiento de triunfo de un capitalismo supuestamente victorioso se mezclaba también la malsana alegría de que la teología de la liberación se hubiese quedado sin sustento. Se creía tener el juego fácil con ella colocándola en relación con la violencia revolucionaria y el terrorismo de los grupos marxistas.

En su tristemente célebre documento dirigido al presidente Reagan, el Comité de Santa Fe exigió al gobierno de los Estados Unidos en el año 1980 que procediera en contra de la *teología de la liberación* y de la Iglesia católica latinoamericana marcada por ella: «El papel de la Iglesia en Latinoamérica es vital para el concepto de libertad política. Desafortunadamente, fuerzas marxistas-leninistas han utilizado a la Iglesia como arma política contra la propiedad privada y el capitalismo productivo infiltrando la comunidad religiosa con ideas que son menos cristianas que comunistas»[4]. Lo desconcertante en este documento es la desfachatez con la que los representantes de brutales dictaduras militares y de oligarquías de poder, responsables de este documento, hacen de su interés por la propiedad privada y por el sistema productivo capitalista el criterio de lo que ha de considerarse como cristiano.

Para el lector europeo hay que aclarar que propiedad privada no es aquí el pequeño patrimonio ganado con el sudor de la propia frente, sino la posesión de gigantescas extensiones de tierra o, por ejemplo, de minas de cobre y de plata, frente a lo cual se encuentran millones de pequeños campesinos y trabajadores que carecen de propiedad y de derechos. Sobre este trasfondo hay que ver también la actividad de las sectas fundamentalistas, promovida política y financieramente. Se trata de resistir a la lucha de la teología de la liberación por una visión integral de gracia y salvación relegando el papel de la religión a un vano consuelo en el mas allá y a la edificación interior, abusando así de ella como factor de estabilización de una sociedad socialmente injusta.

Un modelo de desprecio por el hombre constituye también, por ejemplo, la tentativa de determinadas instituciones norteamericanas de supeditar el envío de alimentos y ayuda a Perú de que se reduzca drásticamente en el país el índice de la natalidad. Esta condición fue cumplida por el gobierno peruano bajo el pretexto de la realización de exámenes de salud mediante la inyección de anticonceptivos a hombres y mujeres o mediante su

[4] COMMITTEE OF SANTA FE, *A New Inter-American Policy for the Eighties*, ed. de L. A. Tambs, The Council of Inter-American Security 1980, 20 (citado en T. SHEEHAN, *Friendly Fascism: Business as Usual in America's Backyard*, en R. J. GOLSAN [ed.], *Fascism's Return: Scandal Revision, and Ideology since 1980*, University of Nebraska Press, Lincoln-Londres, 260-312: 272s).

simple esterilización. La consigna parece ser, en este caso: combatir la pobreza diezmando a los pobres. Aduciendo que el elevado índice de natalidad es la causa de la miseria se distrae de sus verdaderas causas. Difícilmente pueda hablarse de superpoblación en Perú, cuyo territorio es cinco veces más grande que Alemania pero tiene solo la quinta parte de habitantes. Quien haya visto con sus propios ojos la degradación, en su dignidad, de millones de personas, su sometimiento y explotación, ya no se dejará convencer por la tan celebrada eficiencia y superioridad del capitalismo.

Para evitar malentendidos es indispensable hacer una clarificación del término «capitalismo». En el contexto latinoamericano, la palabra «capitalismo» representa el ansia desenfrenada de riqueza personal elevada a la condición de principio único de la acción humana. Este tipo de capitalismo no tiene nada que ver con la libre empresa en la que los hombres aportan su trabajo y sus capacidades al funcionamiento de una economía social de mercado en el contexto de un Estado de derecho estructurado democráticamente.

Frente al fracaso del sistema puramente capitalista y de la correspondiente mentalidad con su desprecio al ser humano la teología de la liberación sigue siendo de inmediata actualidad. Lo que distingue fundamentalmente la teología de la liberación del marxismo y del capitalismo es justamente lo que une interiormente esos dos sistemas aun con toda su contraposición: una imagen del hombre y una concepción de la sociedad en la que Dios, Jesucristo y el Evangelio no deben desempeñar papel alguno para la humanización del hombre en el sentido individual y social. El comunismo tenía que fracasar porque se basaba en una antropología deficiente. No idealizaba al hombre ni perdía tampoco de vista el innato egoísmo del hombre. Pero sí perdió de vista la referencia del hombre a Dios y, con ello, ocultó la realidad del pecado y de la gracia, del perdón y de una vida posible a partir de la justicia regalada por Dios. Pero también el capitalismo desenfrenado ha fracasado, porque se basa en la igualmente deficiente antropología según la cual se puede definir al hombre sin Dios y construir una sociedad sin el recurso a la palabra y a la gracia de Dios. Si por capitalismo no se entiende una economía de mercado determinada por la justicia y la dignidad humana, sino una determinada antropología del derecho del más fuerte, hay que impugnar por principio el axioma de que la democracia solo funciona bajo las condiciones del capitalismo. La democracia en sentido moderno no se basa en decisiones de mayoría o en la defensa inescrupulosa de derechos individuales. La democracia hunde sus raíces en un acto de reconocimiento de los derechos humanos, que están sustraídos a cualquier manipulación estatal o económica. Con ello, la democracia moderna tiene sus raíces y la garantía de su subsistencia en un acto de fe en la existencia de un poder superior ante el cual el hombre tiene que responder de su comportamiento frente a sus semejantes. Por eso, la teología de la liberación es una cuestión radicalmente democrática y una abogada de los derechos humanos frente a ideologías totalitarias de corte marxista o de índole neoliberal-veterocapitalista que amenazan a Latinoamérica y a Europa.

La teología de la liberación no habrá muerto mientras haya hombres que se dejen incitar por el actuar liberador de Dios y hagan de la solidaridad con sus semejantes que sufren y cuya dignidad es degradada la medida de su fe y el impulso de su acción social. En pocas palabras, teología de la liberación significa creer en Dios como Dios de la vida y como garante de una salvación del hombre entendida de manera integral, y ofrecer resistencia a los dioses que significan la muerte prematura, la pobreza, la pauperización y la degradación del hombre.

Gutiérrez rechaza a menudo el malentendido acerca de la teología de la liberación en sus simpatizantes y opositores en el sentido de que es obra de teólogos con un interés especial en la dimensión social y política de la vida humana y chapucean un poco en los ámbitos de la economía, política y sociología –que desconocen–, mientras pierden de vista el verdadero tema de la teología, la relación fundamental del hombre con Dios. Por el contrario, quien toma en serio el enfoque de la teología de la liberación no se sorprenderá de su carácter estrictamente teocéntrico y cristocéntrico ni tampoco de la inserción en la comunidad y la vida de la Iglesia.

A semejanza de Dietrich Bonhoeffer, que en el contexto europeo de la secularización descubrió al no creyente como el verdadero interlocutor de la teología cristiana al preguntar: ¿Cómo *hablar de Dios* en un mundo que ha alcanzado la mayoría de edad?, Gustavo Gutiérrez pregunta con vistas a sus interlocutores en Latinoamérica, en su mayoría creyentes: «¿Cómo *hablar de Dios* frente al sufrimiento de los pobres en Latinoamérica, frente a su muerte prematura y a la violación de su dignidad como persona?».

El ensayo de una mediación interna del discurso sobre Dios y de la toma concreta de partido a favor del hombre, que espera en todo la salvación de parte de Dios, fue realizado ya por autores como Maurice Blondel, Henri de Lubac, Juan Alfaro y Karl Rahner, que no han carecido de importancia para la historia del surgimiento de la teología de la liberación. Me refiero a la entonces tan actual discusión sobre la relación entre naturaleza y gracia, decisiva para la nueva determinación general de la relación del cristianismo con la imagen secular y autónoma de la Ilustración y la Modernidad europeas. Su pregunta era, resumidamente: «¿Existen dos órdenes paralelos, una meta secular y autónoma del hombre y una revelación sobrenatural, de modo que el hombre se mueve en dos ámbitos de ideas y de vida que existen con total independencia uno del otro? ¿O bien el hombre es interpelado por Dios en su unidad y centro personal y llamado a una plasmación religiosa y ética de su existencia individual y social?».

En el enfoque de una concepción teológica que comprende la revelación como síntesis de la liberación del hombre por Dios y como cooperación de los hombres en el actuar liberador y salvador de Dios, fe y plasmación del mundo, relación con la trascendencia y orientación hacia la inmanencia, historia y escatología, relación espiritual con Cristo e identificación con él en una vida del seguimiento constituyen una unidad indivisible. Con ello, la teología de la liberación lleva a trascender el esquema rígido de un dualismo del más acá y el más allá, en que la religión es reducida a una vivencia mística del individuo. En dicho esquema, la religión solo tendría la función de una moral individual o de motivación para una ética social.

Como una perspectiva central se ha impreso profundamente en la experiencia de la Iglesia la «opción preferencial por los pobres», que nació a partir de la praxis y de la experiencia de las comunidades cristianas de Latinoamérica. El servicio a la praxis liberadora se realiza en el horizonte de una imagen teocéntrica del hombre y de una toma de partido de Dios orientada hacia el ser humano a favor del hombre necesitado de salvación.

«Todo parecería indicar que comienza un período

distinto. Cada vez se hace más necesario el concurso de todos para enfrentar los enormes cuestionamientos que nos presenta la realidad latinoamericana. Hay una reconstitución del tejido social en el que habíamos buscado situar el anuncio del Reino, ella exige nuevas prácticas liberadoras. Estas deben estar atentas a no caer en el "verticalismo de una desencarnada unión espiritual con Dios ni en un simple personalismo existencial (...) ni mucho menos en el horizontalismo socio-económico-político". Ambas desviaciones, cada cual a su manera, afectan, al mismo tiempo, la transcendencia y la inmanencia del reino de Dios»[5].

Una nueva manera de sentirse «nosotros» como Iglesia y el servicio a la salvación de los demás

En el tiempo que medió entre los siglos XVI y XX la relación entre Latinoamérica y Europa estuvo signada por el encuentro o bien el choque entre culturas religiosas. Después de pasar por la Ilustración, la crítica de la religión y la secularización, la equiparación entre cultura cristiana y fe cristiana ha perdido validez en la consciencia de la mayor parte de los hombres pertenecientes a las sociedades de Europa. Pero tampoco Latinoamérica representa ya una cultura unitaria. En la era del entrelazamiento económico, de las estrategias globales de mercado, pero también de sistemas de sentido religiosos e ideológicos que compiten entre sí, en el seno de la sociedad pluralista mundial apenas tiene sentido todavía una confrontación entre el sujeto colectivo europeo y el latinoamericano.

[5] Cita y sus referencias: véase más arriba, pp. 23s.

¿A qué «nosotros» se hace referencia cuando alguien dice «nosotros en Europa»?

Una vez que, a más tardar desde el Vaticano II, la Iglesia tradujo su catolicidad también en una realidad tangible y definió nuevamente su misión como sacramento de salvación en el mundo, el «nosotros» ya no puede determinarse de forma regional o cultural. En distintas partes del mundo puede verse que los cristianos definen su identidad cristiana de forma inmediata por su pertenencia a Cristo, y no precisamente a través de la cultura europea de cuño cristiano. El cristiano europeo no considera que en una vinculación a la «cultura occidental y cristiana» –sobre la cual, por supuesto, hay que juzgar de forma muy matizada– se estén mencionando sus raíces, si es que él mismo no se define a partir del acto de fe en Cristo y no descubre, en esa misma vinculación personal a Cristo, el «nosotros» de la Iglesia a partir de los muchos pueblos y en los muchos pueblos de la tierra y no acepta ese «nosotros» de la Iglesia como elemento constitutivo de su fe.

Habiendo dejado atrás las etapas del colonialismo con gestos de superioridad religiosa y explotación capitalista, y pudiendo asumir, asimismo, que la autoacusación de eurocentrismo, paternalismo y asistencialismo no es el estadio final y definitivo de la relación Europa-Latinoamérica, hay que buscar, para el siglo XXI, un camino totalmente nuevo. La unilateralidad no quedaría superada con solo hablar de un mutuo dar y recibir, aprender y enseñar. La meta tendría que ser el reconocimiento de que los que creen en Cristo en el mundo entero forman el «nosotros» unitario de la Iglesia universal, y que desde esta perspectiva de la fe se realiza la Iglesia universal en la comunión de las Iglesias locales. Desde esta unidad teológicamente definida de los fieles en la comunión de las Iglesias locales puede la

Iglesia asumir los grandes desafíos del mundo moderno y hacer su aportación específica para una plasmación de la sociedad mundial sobre la base de los derechos humanos individuales y sociales.

La nueva determinación de la relación entre la Iglesia y el mundo fue expresada con una claridad prácticamente insuperable en el artículo 1 de la constitución *Gaudium et spes:*

> «Los gozos y las esperanzas, las tristezas y las angustias de los hombres de nuestro tiempo, sobre todo de los pobres y de cuantos sufren, son a la vez gozos y esperanzas, tristezas y angustias de los discípulos de Cristo. Nada hay verdaderamente humano que no encuentre eco en su corazón. La comunidad cristiana está integrada por hombres que, reunidos en Cristo, son guiados por el Espíritu Santo en su peregrinar hacia el reino del Padre y han recibido la buena nueva de la salvación para comunicarla a todos. La Iglesia por ello se siente íntima y realmente solidaria del género humano y de su historia».

La teología de la liberación puede aportar impulsos esenciales a este nuevo «nosotros» de la Iglesia una y universal en relación con la humanidad una en su búsqueda de un sentido de la existencia en Dios que trascienda la finitud a la vez que en la responsabilidad por la vida terrena.

El fruto duradero de la teología de la liberación puede resumirse con Gustavo Gutiérrez justamente en aquellos elementos que nosotros en cuanto Iglesia podemos aprender para el mundo. Con vistas a Santo Domingo elabora Gutiérrez tres de estos temas, urgentes también para nosotros en Europa: la nueva evangelización, el progreso humano y la inculturación del Evangelio.

Para decirlo con las propias palabras de Gutiérrez: «El tono convocador de los textos de Santo Domingo responde a ese requerimiento, hace por eso una llamada enérgica a la participación de todos en la nueva evangelización del continente. Dicha preocupación había estado presente desde la preparación en Medellín, pero cobró nueva fuerza con la vigorosa llamada de Juan Pablo II en Haití (1983), el país más pobre y olvidado de América Latina. Dirigiéndose al CELAM [el Consejo Episcopal Latinoamericano], el Papa habla de "una evangelización nueva. Nueva en su ardor, en sus métodos, en su expresión". Santo Domingo hizo de esta perspectiva uno de sus temas centrales y una de sus líneas pastorales prioritarias. La reflexión teológica elaborada en contexto latinoamericano tiene acá un terreno fecundo en su colaboración con la tarea evangelizadora de la Iglesia. Aprovechando aciertos y evitando fallos de los años previos, el discurso sobre la fe debe ayudar a encontrar la ruta y el lenguaje para anunciar a "los pobres de este continente" la necesidad del "evangelio de la liberación radical e integral"; no hacerlo –añade Juan Pablo II– sería defraudar y desilusionar a esos pobres.

Santo Domingo estudia un segundo tema del cual deduce una importante línea pastoral: la promoción humana. No se trata de un punto ajeno o extrínseco a la evangelización. Numerosos textos del magisterio en los últimos años han recordado con vigor que promover la dignidad humana forma parte de la tarea evangelizadora. Dignidad que se ve cuestionada por "el más devastador y humillante flagelo que vive América Latina y el Caribe" constituido por "el creciente empobrecimiento" de millones de latinoamericanos, consecuencia en gran parte de "la política de corte neoliberal" predominante en el continente.

La hondura del problema es tal que convoca, sin escapatoria, a toda la Iglesia a hacerle frente. La reflexión bíblica sobre la pobreza y las experiencias de solidaridad de años anteriores son aquí de gran utilidad, pero ello no debe ocultar lo distinto y lo delicado de la presente situación. La renovación de la enseñanza social de la Iglesia emprendida enérgicamente por Juan Pablo II no solo da pautas para una auténtica y actual armonía social, y para la construcción de una sociedad justa y nueva con total respeto por la vida y la dignidad humana; sino que enriquece la tarea teológica, y ofrece un campo fecundo de estudio en función del ámbito social e histórico de América Latina. Esos textos nos recuerdan que los valores de paz, justicia y libertad no son únicamente metas de un compromiso social, sino que deben inspirar desde ahora los métodos para lograr una sociedad humana respetuosa de los derechos de todos.

La nueva evangelización deberá ser una evangelización inculturada. Inculturación es un término nuevo para designar una antigua realidad que para un cristiano tiene resonancias de encarnación. La Palabra debe encarnarse en mundos, situaciones y culturas diversas. Con ello no solo su trascendencia no queda afectada, sino que más bien es reafirmada. Esta perspectiva ha puesto el dedo en la llaga en un continente de tan gran diversidad racial y cultural. Las culturas y los valores de los diferentes pueblos indígenas y de la población negra de América Latina constituyen una gran riqueza que debe ser apreciada y respetada por quienes tienen la responsabilidad de anunciar el Evangelio. Estamos ante una tarea inmensa y urgente, que apenas ha sido iniciada, y un estimulante desafío a la reflexión teológica»[6].

[6] Cita y sus referencias: véase más arriba, pp. 24ss.

Nueva evangelización, servicio de la Iglesia a una sociedad justa, cuidadosa del bien común y protectora de los más débiles, y nueva síntesis de fe y cultura moderna son las tareas principales de la Iglesia en Europa.

3

Situación y tareas de la teología de la liberación

Gustavo Gutiérrez

Los esfuerzos de inteligencia de la fe, que llamamos teologías, se hallan estrechamente ligados a las preguntas que vienen de la vida y de los retos que confronta la comunidad cristiana en su testimonio del Reino. De este modo la teología se vincula al momento histórico y al mundo cultural en el que surgen esas preguntas (de allí que rigurosamente hablando decir que una teología es «contextual» resulte tautológico, de un modo u otro toda teología lo es). Este es uno de los elementos que la definen como una función eclesial. Obviamente en las teologías hay elementos permanentes que vienen del mensaje cristiano sobre el que trabajan, pero su actualidad depende en gran parte de su capacidad para interpretar la forma como es vivida la fe en circunstancias y en una época determinadas. La consecuencia es clara: por su lado mutable las teologías nacen en un marco preciso, contribuyen (o deben hacerlo) a la vida de fe de los creyentes y a la tarea evangelizadora de la Iglesia, pero los acentos, categorías, términos y enfoques van perdiendo su mordiente en la medida en que la situación que les dio origen no es ya la misma. Lo que decimos de la historicidad de toda teología, incluso de las de mayor envergadura a lo largo de la historia del cristianismo, vale también, obviamente, para un esfuerzo como el de la teología de la liberación. La teología hunde siempre sus raíces en la densidad histórica del presente de la fe[1].

Esto nos lleva de la mano a la segunda anotación. Lo importante, más que preguntarse por el futuro de una teología como tal, es interrogarse por la vigencia y las consecuencias de los grandes temas de la revelación cristiana que ella ha podido recordar y colocar en la conciencia de los creyentes. En el caso de la inteligencia de la fe en una óptica liberadora, se trataría de puntos como el proceso de liberación –con todas las dimensiones que esto implica– de los pobres de América Latina, la presencia del Evangelio y de los cristianos en ese caminar y, de modo muy especial, la opción preferencial por el pobre propuesta y estudiada en este tipo de reflexión teológica. Situaciones y temas que están en constante evolución. Esto es lo que realmente cuenta.

Tal vez una buena manera de tratar del futuro de una perspectiva teológica sea confrontarla con otras orientaciones teológicas de hoy, someter a nuevo escrutinio su propósito y sus ejes centrales en relación con el momento presente, y echar, como consecuencia, un vistazo a las tareas que tiene por delante. En efecto, el futuro no llega, se construye; lo hacemos con nuestras manos y esperanzas, nuestros fracasos y proyectos, nuestra terquedad y nuestra

[1] Por esa razón, a quienes, curiosamente, se preguntan si la teología de la liberación mantiene vigencia después de los acontecimientos simbolizados en la caída del muro de Berlín (un hecho, sin duda, de enorme importancia en la escena internacional), habría que recordarles que el punto de partida histórico de esta reflexión no fue la situación de los países de Europa del este. Fue, y por cierto sigue siendo, la inhumana pobreza de nuestro continente y la lectura que hacemos de ella a la luz de la fe. Estado de cosas y teología que, en cuanto a lo substancial, poco tienen que ver con el desplome del socialismo real.

sensibilidad a lo nuevo. Eso es lo que nos proponemos presentar esquemáticamente en tres pasos en las páginas que siguen.

Tres grandes retos contemporáneos a la fe

Convocando al Concilio, Juan XXIII preguntaba y se preguntaba cómo decir hoy lo que los cristianos piden cotidianamente: «Que tu Reino venga». Poniéndose en camino para encontrar una respuesta a este interrogante recuperó un significativo tema bíblico: la necesidad de saber discernir los signos de los tiempos. Lo que quiere decir estar atentos al devenir de la historia y más ampliamente al mundo en el que vivimos nuestra fe: sensibles a sus interpelaciones, impugnadoras y enriquecedoras al mismo tiempo. Y ajenos, en consecuencia, a los temores, a las condenaciones a rajatabla y a la cerrazón de aquellos que el mismo Papa llamaba «profetas de desgracias»; actitud de la que gustan tanto quienes se erigen a sí mismos en salvadores de los males de la época.

En ese orden de ideas podríamos decir, sin ninguna pretensión de exhaustividad y dejando de lado matices importantes, que la fe cristiana y el anuncio del Evangelio afrontan hoy tres grandes retos: el del mundo moderno y el de la llamada posmodernidad, la pobreza de las dos terceras partes de la humanidad, y el pluralismo religioso y el consiguiente diálogo interreligioso. Los tres –que hemos enumerado en orden cronológico– presentan requerimientos de gran alcance a la vida cristiana y a la tarea de la Iglesia. Al mismo tiempo todos ellos suministran elementos y categorías que permiten emprender nuevas pistas en el entendimiento y profundización del mensaje cristiano. Es capital tener en cuenta estos dos aspectos de una misma realidad. El trabajo teológico consistirá en mirar cara a cara esos cuestionamientos que se le presentan como signos de los tiempos y, a la vez, discernir en ellos a la luz de la fe el nuevo campo hermenéutico que se le ofrece para pensar la fe y para un hablar de Dios dicente a las personas de nuestro tiempo.

Al segundo de estos desafíos le consagraremos la mayor parte de estas páginas. Veamos más rápidamente el primero y el tercero.

El mundo moderno (y posmoderno)

Con raíces en los siglos XV y XVI la mentalidad que se comenzará a designar como moderna impacta en la vida de las iglesias cristianas del siglo XVIII en adelante. Sus características son: la afirmación del individuo como punto de partida de la actividad económica, la convivencia social y el conocimiento humano; la razón crítica que no acepta sino aquello que ha sido sometido a su examen y juicio; y el derecho a la libertad en diversos campos. Es lo que Kant llamaba el estado adulto de la humanidad. De allí la desconfianza del espíritu moderno frente a la autoridad, tanto en el plano social como en el religioso. La fe cristiana, vecina de la superstición y de sesgo autoritario –según este pensamiento– estaría destinada a la desaparición y, en el mejor de los casos, a ser recluida al ámbito privado. La sociedad entra de este modo en un acelerado proceso de secularización y le hace perder a la fe cristiana el peso social y la influencia en las personas que tenía en otros tiempos[2]. Los avatares

[2] Uno de los factores decisivos de ese proceso fue, lo sabemos, el pensa-

de este conflicto, que afectó sobre todo a los cristianos de Europa, son conocidos; como lo son asimismo los pasos andados y desandados en las respuestas provocadas por los diferentes entredichos con la Iglesia. Por no hablar de los desconciertos, temores, audacias y sufrimientos que se vivieron por estas razones.

El Vaticano II, tomando distancia de quienes no veían en el mundo moderno sino un mal momento destinado a pasar y ante el cual solo cabía resistir a pie firme hasta que se calmara la tormenta, buscó y logró responder a muchos de estos cuestionamientos (no sin dificultades iniciales, por cierto). Hay todavía un enorme trabajo por hacer frente a la situación, está claro que en este asunto estamos ante una historia de larga duración[3].

La tarea se ha complicado en los últimos tiempos con lo que se ha dado en llamar por comodidad la época posmoderna[4]. Presentándose como una acerba crítica a la modernidad, acusada entre otras cosas de derivar fácilmente al totalitarismo (fascismo, nazismo, estalinismo), en contradicción con su fervorosa reivindicación de la libertad, y de confinarse en una visión estrecha y puramente instrumental de la razón, el talante posmoderno agudiza el individualismo que marcaba ya al mundo moderno. Resultado de todo esto será una actitud algo desganada frente a las posibilidades de cambiar lo que antes se pensaba que no andaba bien en nuestras sociedades. Como lo es también la desconfianza de cara a las convicciones firmes

---

miento científico. El asunto ha adquirido una nueva urgencia con el desarrollo de vertientes de la ciencia, la biogenética, por ejemplo, que plantean serios interrogantes a la visión cristiana de la vida.

[3] Ver al respecto la importante *Historia del concilio Vaticano II* (5 vols.), dirigida por Giuseppe Alberigo, Sígueme, Salamanca.

[4] Cf G. Gutiérrez, *¿Dónde dormirán los pobres?*, en AA.VV., *El rostro de Dios en la historia*, Universidad Católica, Ibc, Cep, Lima 1996, 9-69.

en cualquier área de la acción y del conocimiento humanos, surge entonces una postura escéptica que relativiza el conocimiento de la verdad; según ella cada quien tiene su verdad y por ende todo vale. Esta postura es sin duda uno de los motivos del desinterés por lo social y lo político al que asistimos en nuestros días. Ella trae también, claro está, contribuciones importantes; habrá que estar atentos, por ejemplo, a lo que puede significar –con todas sus ambivalencias políticas– la valoración de la diversidad cultural o étnica.

Que la posmodernidad sea un rechazo de la modernidad o su prolongación más refinada no cambia lo esencial de lo que nos interesa aquí. El conjunto constituye un gran reto a la conciencia cristiana. El tiempo ha hecho, es cierto, que surjan valiosas reflexiones teológicas que han tomado el toro por las astas. Lejos de una recusación inspirada por el miedo, no solo han enfrentado con libertad evangélica y fidelidad al mensaje de Jesús las interpelaciones del mundo moderno y sus reverberaciones, sino que han hecho ver también todo lo que él podía aportar para revelar alcances de la fe a los que no habíamos sido sensibles en el pasado o que, por una y otra razón, se habían eclipsado.

El pluralismo religioso

La pluralidad de religiones es, lo sabemos, un hecho milenario en la humanidad. Tanto las grandes y más conocidas religiones como las menos extendidas no son de ayer. En el pasado, su existencia planteaba algunos problemas prácticos y daba lugar a reflexiones acerca de la perspectiva salvífica del cometido misionero de las iglesias cristianas, pero en las últimas décadas su presencia se ha convertido en un interrogante de envergadura para la fe cristiana. Todos los estudiosos del tema están de acuerdo en decir que la teología de las religiones es muy reciente, ella avanza por un terreno lleno de dificultades. Asistimos hoy en la Iglesia a un gran debate al respecto. La cuestión es sin duda delicada, importantes textos del Magisterio y estudios teológicos de gran aliento han sido escritos al respecto[5]. Como en el caso del mundo moderno, pero por razones diversas, la existencia de algunos miles de millones de seres humanos que encuentran en esas religiones su relación a Dios, o a un Absoluto, o a un profundo sentido de sus vidas, cuestiona la teología cristiana en puntos centrales de ella. A la vez, como sucede con la modernidad, le proporciona elementos y posibilidades para volver sobre ella misma y someter a un nuevo examen la significación y los alcances hoy de la salvación en Jesucristo.

Es un territorio nuevo y exigente[6]. En él la tentación de replegarse y de aferrarse a opciones que se consideran seguras es muy grande. Por eso son particularmente bienvenidos gestos audaces como los de Juan Pablo II, convocando hace unos años a un encuentro en Asís a los representantes de las grandes religiones de la humanidad para orar por la paz en el mundo. En efecto, una teología de las religiones no puede hacerse sin una práctica de diálogo interreligioso, diálogo que da hoy apenas sus primeros pasos. La teología es siempre un acto segundo. Muchos están empeñados en este esfuerzo y aquí también, y con mayor urgencia quizá que en el desafío anterior, hay un enorme trabajo por hacer.

---

[5] Véase, por ejemplo, J. DUPUIS, *Vers une théologie chrétienne du pluralisme religieux*, Cerf, París 1997.

[6] Para una breve presentación de conjunto se puede consultar M. FÉDOU, *Les religions selon la foi chrétienne*, Cerf, París 1996.

La mentalidad moderna es fruto de cambios importantes en el campo del conocimiento humano y en la vida social, ocurridos fundamentalmente en Europa occidental, cuando esta había iniciado ya su camino a un nivel de vida que la distanciará del resto de los países del planeta. En cambio, los portadores de la interpelación que viene del pluralismo religioso se encuentran entre las naciones más pobres de la humanidad. Tal vez esta sea una de las razones que ha hecho, como lo hemos recordado, que la toma de conciencia de las preguntas que vienen de ellas se haya presentado solo en una época reciente en las Iglesias cristianas, precisamente en el momento en que esos pueblos comenzaban a hacer oír su voz en diferentes áreas de la convivencia internacional. Esto hace que la respuesta a los interrogantes presentados desde Asia sobre todo, pero también de África y en menor escala de América Latina, no pueda separar lo religioso de la situación de pobreza. Doble aspecto cargado de consecuencias para el discurso sobre la fe que viene de esas latitudes.

Esta última observación nos lleva a ahondar el reto de la pobreza que habíamos reservado para desarrollarlo en un segundo párrafo y que por razones obvias nos interesa particularmente.

Una inhumana y antievangélica pobreza

Las interpelaciones a la fe cristiana que vienen del pluralismo religioso y de la pobreza nacen fuera del mundo noratlántico. Quienes las llevan sobre sus espaldas son los pueblos pobres de la humanidad, lo acabamos de decir a propósito de las religiones y es el caso evidentemente de la pobreza. Este último cuestionamiento se planteó con fuerza a la reflexión teológica inicialmente en América Latina, un continente habitado por una población *pobre y creyente* simultáneamente, como decimos desde hace décadas en el marco de la teología de la liberación. Se trata de quienes viven su fe en medio de la pobreza, lo que trae como consecuencia que cada una de esas condiciones deje su huella en la otra; vivir y pensar la fe cristiana es algo, por lo tanto, que no puede realizarse fuera de la conciencia de la situación de despojo y marginación en que dichas personas se encuentran.

Releer el mensaje

Las conferencias episcopales latinoamericanas de Medellín (1968) y Puebla (1979) denunciaron la pobreza existente en el continente como «inhumana» y «antievangélica». Pero sabemos que, desgraciadamente, se trata de una realidad de extensión universal. Poco a poco los pobres del mundo fueron tomando una conciencia cada vez más clara de su situación. Una serie de acontecimientos históricos en los años 50 y 60 (descolonización, nuevas naciones, movimientos populares, un mejor conocimiento de las causas de la pobreza, etc.) hicieron *presentes*, a lo largo y ancho del planeta, a quienes siempre habían estado *ausentes* de la historia de la humanidad, o para ser más exactos, invisibles para una manera de hacer la historia en la que un sector de ella, el mundo occidental, aparecía como ganador en todos los campos. Es el hecho histórico que se ha llamado «la irrupción del pobre». No es por cierto un acontecimiento terminado, se halla en pleno proceso y sigue planteando nuevas y pertinentes preguntas. En América Latina y el Caribe este acontecimiento fue, y es, particularmente significativo para la reflexión teológica.

La pobreza es, como el pluralismo religioso de la humanidad, un estado de cosas que viene de muy atrás. En el pasado ella dio lugar sin duda a gestos admirables de servicio a los pobres y abandonados. Pero hoy el conocimiento de su abrumadora amplitud, la brecha cada vez mayor y profunda entre los estratos ricos y los pobres en la sociedad actual y el modo que tenemos de acercarnos a ella han hecho que solo en la segunda mitad del siglo que ha terminado haya comenzado a ser percibida realmente como un reto a nuestra comprensión de la fe. Aunque no del todo, porque no faltan aquellos para quienes tercamente la pobreza se limita a ser un problema de orden social y económico. No es este el sentido bíblico de esa condición, ni lo fue la intuición de Juan XXIII cuando, en vísperas del Concilio, situaba la Iglesia ante la pobreza del mundo («los países subdesarrollados») y afirmaba que ella debía ser «la Iglesia de todos y especialmente la Iglesia de los pobres». Sugería así un exigente modo de concebir la Iglesia y su tarea en el mundo.

El mensaje del papa Juan fue escuchado y profundizado ulteriormente en América Latina y el Caribe; su condición de continente pobre y al mismo tiempo cristiano, mencionada más arriba, lo hacía particularmente sensible a la hondura teológica de la interpelación procedente de la pobreza. Una perspectiva que en circunstancias diferentes habían iniciado en estas tierras, en el siglo XVI, figuras como Bartolomé de Las Casas y el indio peruano Guamán Poma en su defensa de las poblaciones indígenas del continente, pero que aún hoy está lejos de ser comprendida por todos. De ahí las dificultades que todavía encontramos para hacer ver el significado de las afirmaciones básicas de la teología de la liberación y de la conferencia episcopal de Medellín que inciden precisamente, y teniendo en cuenta el entramado actual, en ese enfoque.

A pesar de esto, la Iglesia de América Latina y el Caribe, y pronto las de otros continentes pobres, hizo ver hasta donde llegan las demandas que vienen de la situación de pobreza y marginación de tantos seres humanos. El asunto se abre paso todavía en medio de algunos obstáculos para ser considerado en toda su hondura: un problema de vida cristiana y de reflexión teológica. Esto ocurre menos, es importante anotarlo, con el desafío –que en nuestros días llega cronológicamente después del de la pobreza a la conciencia teológica de la Iglesia– que procede del papel de las religiones de la humanidad en el plan salvífico del Dios de la revelación cristiana. En el caso del pluralismo religioso, aunque no falten los recalcitrantes, el carácter teológico es percibido, se entiende, más rápidamente. Subrayar el carácter teológico de las preguntas que acarrea la pobreza humana no significa de ningún modo soslayar que ella y la injusticia social tienen una inevitable y constitutiva dimensión socio-económica. Es evidente que así es. Pero la atención que debe prestárseles no viene únicamente de una preocupación por los problemas sociales y políticos. La pobreza, tal como la conocemos hoy, lanza un cuestionamiento radical y englobante a la conciencia humana y a la manera de percibir la fe cristiana. Ella conforma un campo hermenéutico que nos conduce a una relectura del mensaje bíblico y del camino a emprender como discípulos de Jesús. Esto es algo que debe ser recalcado si queremos entender el sentido de una teología como la de la liberación.

Un eje de vida cristiana

Lo que llevamos dicho se enuncia de modo claro en la conocida expresión de «opción preferencial por los pobres». La frase surgió en las comunidades cristianas y en las reflexiones teológicas de América Latina en el período que va de Medellín a Puebla, y esta última conferencia la recogió y la hizo conocer generosamente. Sus raíces se hallan en las experiencias de la solidaridad con los pobres y en la consiguiente comprensión del sentido de la pobreza en la Biblia que se abrieron paso en los primeros años de la década de 1960 y que se expresó ya –en cuanto a lo esencial– en Medellín. Ella se encuentra muy presente en el magisterio de Juan Pablo II y en el de diversos episcopados de la Iglesia universal, así como en textos de varias confesiones cristianas. La opción preferencial por el pobre es un eje fundamental en el anuncio del Evangelio, que usando la conocida metáfora bíblica, llamamos comúnmente tarea pastoral; lo es también en el terreno de la espiritualidad, es decir, en el caminar tras los pasos de Jesús. Y, por lo tanto, es asimismo un eje en cuanto a inteligencia de la fe que se hace a partir de esas dos dimensiones de la vida cristiana. El conjunto, esa triple dimensión, es el que le da fuerza y alcance.

Acabamos de evocar la pequeña historia de una percepción que se manifiesta en la fórmula recordada; no obstante, está claro que ella, en el fondo, apunta a ayudarnos a ver cómo en este tiempo enfocamos un dato capital de la revelación bíblica que de una manera u otra siempre ha estado presente en el universo cristiano: el amor de Dios por toda persona y particularmente por los más abandonados. Pero ocurre que hoy estamos en condiciones de advertir con toda la claridad deseada que la pobreza, la injusticia y la marginación de personas y grupos humanos no son hechos fatales, tienen causas humanas y sociales. Además, nos encontramos sobrecogidos por la inmensidad de esa realidad, así como por el acrecentamiento de las distancias, desde estos puntos de vista, entre las naciones en el mundo y entre las personas en el interior de cada país. Esto cambia el enfoque sobre la pobreza y nos empuja a examinar bajo una nueva luz las responsabilidades personales y sociales. Nos da de este modo nuevas perspectivas para saber descubrir continuamente el rostro del Señor en el de otras personas, en particular de los pobres y maltratados. Y nos permite ir de forma directa a lo que teológicamente hablando es decisivo: colocarse en el corazón del anuncio del Reino, expresión del amor gratuito del Dios de Jesucristo.

La comprensión que se manifiesta en la fórmula «opción preferencial por el pobre» es lo más sustantivo del aporte de la vida de la Iglesia en Latinoamérica y de la teología de la liberación a la Iglesia universal. La pregunta planteada al comienzo de estas páginas sobre el futuro de esta reflexión debe tener en cuenta su relación factual y contemporánea con todo lo que dicha opción significa. Dicha perspectiva no es evidentemente algo exclusivo de esta teología; la exigencia y el significado del gesto hacia el pobre en la acogida del don del Reino forman parte del mensaje cristiano. Se trata de un discurso sobre la fe, que nos permite simplemente un recuerdo y una relectura en las condiciones actuales, con toda la novedad que ellas nos revelan, de algo que de una u otra forma –con insistencias pero también con paréntesis–, encontró siempre un lugar a lo largo del caminar histórico del pueblo de Dios. Es relevante subrayarlo no para disminuir la aportación de esta teología que tiene ligado su destino al sentido bíblico de la solidaridad con el pobre, sino para dibujar debidamente el ámbito en que ella se da en tanto continuidad y ruptura con reflexiones anteriores. Y sobre todo con la experiencia cristiana y las rutas tomadas para dar testimonio del Reino.

De igual manera que en los dos casos ya tratados, nos interesa resaltar aquí que en el desafío mismo proveniente de la pobreza se abren perspectivas que nos permiten seguir sacando «lo nuevo y lo viejo» del tesoro del mensaje cristiano. El discernimiento desde la fe debe ser lúcido al respecto. Pero para ello es necesario vencer el empecinamiento de ver en la pobreza del mundo de hoy *solo* un problema social, eso sería pasar al lado de lo que este doloroso signo de los tiempos puede decirnos. Todo lo cual se resume en la convicción de que es necesario ver la historia desde su reverso, vale decir, desde las víctimas de ella. La cruz de Cristo ilumina esa visión y nos hace comprenderla como el paso a la victoria definitiva de la vida en el Resucitado.

Tareas presentes

Señalemos algunos espacios en los que se mueven ciertas tareas que tiene por delante la reflexión teológica que nos ocupa. Por cierto, habría muchas cosas más por decir y precisiones por hacer, pero no caben en estas pocas páginas. Esperamos tratarlas detenidamente en un trabajo de largo aliento que está en preparación[7].

[7] Eso nos permitirá dar referencias bibliográficas sobre estos temas que por ahora obviamos. Ver, sin embargo, las que se encuentran en G. GUTIÉRREZ, *a.c.*

Complejidad del mundo del pobre

Desde el inicio en la teología de la liberación se han tenido presentes las diferentes dimensiones de la pobreza. Para decirlo en otros términos –como lo hace la Biblia– se estuvo atento a no reducir la pobreza a su aspecto, capital por cierto, económico[8]. Esto llevó a la afirmación de que el pobre es el «insignificante», aquel que es considerado como un «no persona», alguien a quien no se le reconoce la plenitud de sus derechos en tanto ser humano. Personas sin peso social o individual que cuentan poco en la sociedad y en la Iglesia. Así son vistos, o más exactamente no vistos, porque son más bien invisibles en cuanto que excluidos en el mundo de nuestros días. Las razones de ello son diversas: las carencias de orden económico sin duda, pero también el color de la piel, ser mujer, pertenecer a una cultura despreciada (o considerada interesante solo por su exotismo, lo que al final viene a ser lo mismo). La pobreza es, en efecto, un asunto complejo y polifacético, al hablar desde hace decenios de «los derechos de los pobres» (ver, por ejemplo, Medellín, Paz, 22) nos referíamos a ese conjunto de dimensiones de la pobreza.

Una segunda perspectiva presente igualmente desde los primeros pasos fue la de ver al pobre como «el otro»

---

[8] Esto se expresa en fórmulas que se encuentran desde los primeros escritos de esta teología. En referencia al pobre se habla en repetidas oportunidades de «pueblos, razas y clases sociales» (*Teología de la liberación* [Cep, Lima 1971] 226, cf también 251, 255) y de «las clases populares explotadas, las culturas oprimidas, las razas discriminadas» (*Praxis de liberación y fe cristiana,* en *Signos de liberación* [Cep, Lima 1973] 65, ver también 64, 90, 107, 111, 114, 125). Expresiones similares en *Revelación y anuncio de Dios en la historia,* en Páginas, Lima, marzo de 1976, 32, 36, 38. Se afirma igualmente que «la mujer de esos sectores es doblemente explotada, marginalizada y despreciada» (*Teología desde el reverso de la historia,* Cep, Lima 1977, 34, n. 36 y *La fuerza histórica de los pobres,* en *Signos de lucha y esperanza,* Cep, Lima 1978, 173).

de una sociedad que se construye al margen o contra sus derechos más elementales, ajena a su vida y a sus valores. De tal modo que la historia leída desde ese otro (a partir de la mujer, por ejemplo) se convierte en otra historia. No obstante, releer la historia podría parecer un ejercicio puramente intelectual si no se comprende que ella significa también rehacerla. En ese orden de ideas, es firme el convencimiento, pese a todas las limitaciones y obstáculos que conocemos, especialmente en nuestros días, de que los pobres mismos deben asumir su destino. Al respecto, retomar la andadura de estas preocupaciones en el campo de la historia, desde cuando un hombre y teólogo como Las Casas se planteaba ver las cosas «como si fuese indio», es un rico filón por explotar todavía. El primero en hacerlo, y con conocimiento de causa, fue el indio peruano Guamán Poma. Únicamente liberando nuestra mirada de inercias, de prejuicios, de categorías aceptadas acríticamente podremos descubrir al otro.

Por eso mismo, no basta tener conciencia de esa complejidad, es necesario profundizarla, entrar en el detalle de la diversidad y advertir su fuerza interpeladora. Tampoco es suficiente tomar nota de la condición de otro del pobre (tal como lo hemos comprendido), ella debe asimismo ser estudiada más en detalle y considerada en toda su desafiante realidad. En ese proceso nos encontramos, gracias sobre todo a los compromisos concretos asumidos en y desde el mundo de la pobreza, marcada mayoritariamente entre nosotros, lo hemos hecho ver ya, por la vivencia –de un modo u otro– de la fe cristiana. La reflexión teológica se nutre de esta experiencia cotidiana, que lleva ya algunas décadas, y simultáneamente la enriquece.

Esta inquietud ha sido ahondada en los últimos años. Valiosos trabajos han permitido entrar de modo particularmente fecundo en algunos aspectos capitales de la complejidad mencionada. En efecto, en esa pista se encuentran hoy diferentes esfuerzos por pensar la fe a partir de la situación secular de marginación y despojo de los diversos pueblos indígenas de nuestro continente y de la población negra, incorporada violentamente a nuestra historia desde hace siglos. De diversas maneras hemos sido testigos en este tiempo del vigor y la contundencia que adquiere la voz de estos pueblos, de la riqueza cultural y humana que son susceptibles de aportar, así como de las facetas del mensaje cristiano que nos permiten ver descarnadamente. A esto se añade el diálogo con otras concepciones religiosas, las que pudieron sobrevivir a la destrucción de los siglos anteriores, minoritarias hoy –no obstante igualmente respetables porque en ellas se encuentran comprometidos seres humanos–, pero que, sin pretender recrearlas artificialmente, están presentes con su acervo cultural y religioso.

Las reflexiones teológicas que vienen de esos universos son particularmente exigentes y nuevas. Como lo son aquellas que provienen de la inhumana y, por consiguiente, inaceptable condición de la mujer en nuestra sociedad, en especial la que pertenece a los estratos sociales y étnicos que acabamos de recordar; en este terreno asistimos igualmente a ricas y nuevas perspectivas teológicas llevadas adelante sobre todo por mujeres, pero que nos importan y cuestionan a todos. Uno de los campos más fecundos es el de la lectura bíblica desde la condición femenina, pero por supuesto hay muchos otros que amplían también nuestro horizonte de comprensión de la fe cristiana.

No se trata además, puede ser oportuno anotarlo, de la defensa de antiguas culturas fijadas en el tiempo o de la propuesta de proyectos arcaicos que el devenir histórico habría superado, como algunos tienden a pensar. La cultura es creación permanente, se elabora todos los días. Lo vemos de muy diferentes maneras en nuestras ciudades. Ellas son un crisol de razas y culturas en sus niveles más populares; pero, a la vez, son crueles lugares de crecientes distancias entre los diferentes sectores sociales que las habitan. Ambas cosas se viven en las ciudades de un continente en precipitada urbanización. Este universo en proceso, que en gran parte arrastra y transforma los valores de culturas tradicionales, condiciona la vivencia de la fe y el anuncio del Reino; es, en consecuencia, un punto de partida histórico para una reflexión de orden teológico.

No obstante, el acento que el discurso sobre la fe asume legítimamente de acuerdo con la vertiente del mundo del pobre que privilegia, no debe hacer perder de vista la globalidad de lo que está en cuestión en la condición de todos los pobres. Ni descuidar el terreno común del que parten y en el que discurren nuestros lenguajes y reflexiones: el de los insignificantes, el de su liberación integral y el de la Buena Nueva de Jesús dirigida preferentemente a todos ellos. En efecto, hay que evitar a toda costa que la necesaria y urgente atención a los sufrimientos y esperanzas de los pobres dé lugar a ineficaces búsquedas de cotos teológicos privados. Estos serían fuente de exclusividades y desconfianzas que en última instancia debilitan –puesto que se trata en cuanto a lo esencial de perspectivas convergentes y complementarias– el combate cotidiano de los desposeídos por la vida, la justicia y por hacer respetar sus valores culturales y religiosos. También por su derecho a ser iguales al mismo tiempo que diferentes.

La complejidad del universo del pobre y la perspectiva del otro percibidas inicialmente, como lo hemos recordado, se encuentran hoy mejor dibujadas con todas sus dificultades y su conflictividad, pero asimismo con todas sus promesas. No pretendemos colocar en un mismo grupo todas las corrientes teológicas que vienen de esa situación, la diversidad en este asunto es igualmente importante; pero los evidentes lazos históricos entre ellas, así como el común horizonte del complejo mundo del pobre en que se colocan, nos permiten verlas como expresiones fecundas de las tareas actuales de la reflexión teológica desde los desheredados del continente. Se trata de canteras abiertas.

Globalización y pobreza

No estamos con los pobres si no estamos contra la pobreza, decía Paul Ricoeur hace muchos años. Es decir, si no recusamos la condición que abruma a una parte tan importante de la humanidad. No se trata de un rechazo meramente emocional, es necesario conocer lo que motiva la pobreza en el nivel social, económico y cultural. Esto requiere instrumentos de análisis que nos son suministrados por las ciencias humanas, pero como todo pensamiento científico ellas trabajan con hipótesis que permiten comprender la realidad que buscan explicar, lo que equivale a decir que están llamadas a cambios ante fenómenos nuevos. Es lo que sucede hoy ante la dominante presencia del neoliberalismo que llega ahora aupado sobre los hombros de una economía cada vez más autónoma de la política (y antes ya de la ética) gracias al hecho que se conoce con el término un poco bárbaro de globalización.

La situación así designada viene, como es sabido, del mundo de la información, pero repercute pujante en el terreno económico y social, y en otros campos de la actividad humana. No obstante, la palabra es engañosa porque hace creer que nos orientamos hacia un mundo único, cuando en verdad, y en el momento actual, acarrea ineluctablemente una contrapartida: la exclusión de una parte de la humanidad del circuito económico y de los llamados beneficios de la civilización contemporánea. Una asimetría que se hace cada vez más pronunciada. Millones de personas son convertidas de este modo en objetos inservibles, o en desechables después del uso. Se trata de aquellos que han quedado fuera del ámbito del conocimiento, elemento decisivo de la economía de nuestros días y el eje más importante de acumulación de capital. Conviene anotar que esa polarización es la consecuencia del modo como estamos viviendo hoy la globalización, ella constituye un hecho que no tiene necesariamente que tomar el curso actual de una desigualdad creciente. Y, lo sabemos, sin igualdad no hay justicia. Lo sabemos, pero el asunto adquiere en nuestros días una urgencia creciente[9].

El neoliberalismo económico postula un mercado sin restricciones, llamado a regularse por sus propios medios, y somete toda solidaridad social en este campo a una dura crítica, acusándola no solo de ineficaz frente a la pobreza, sino incluso de ser una de las causas de ella. Que haya habido casos de abusos en esa materia es claro y reconocido, pero aquí estamos ante un rechazo de principio que deja en la intemperie a los más frágiles de la sociedad. Una de las derivaciones de este pensamiento, y de las más dolorosas y agudas, es la de la deuda externa que tiene maniatadas y agobiadas a las naciones pobres. Deuda que creció

---

[9] Cf las penetrantes disquisiciones al respecto de N. BOBBIO, *Destra e sinistra. Ragioni e significati di una distinzione politica*, Donzelli, Roma 1994.

espectacularmente, entre otras razones, debido a tasas de interés manejadas por los mismos acreedores. La petición de su condonación es uno de los puntos más concretos e interesantes de la convocación hecha por Juan Pablo II para celebrar un Jubileo, en el sentido bíblico del término, el año 2000.

Esta deshumanización de la economía, comenzada un buen tiempo atrás, que tiende a convertir todo, incluso a las personas, en mercancías ha sido denunciada por una reflexión teológica que desvela el carácter idolátrico, en el sentido bíblico del término, de ese hecho. Pero las circunstancias actuales no solo han convertido en más apremiante este señalamiento, sino que además proporcionan nuevos elementos para profundizarlo. De otro lado, asistimos en este tiempo a un curioso intento de justificación teológica del neoliberalismo económico que compara, por ejemplo, las corporaciones multinacionales con el Siervo de Yavé a quien todos atacan y vilipendian, y, sin embargo, de ellas vendrían la justicia y la salvación. Por no hablar de la llamada teología de la prosperidad que tiene lazos muy estrechos, por cierto, con la postura que acabamos de recordar. Esto ha invitado, a veces, a postular un cierto paralelismo entre cristianismo y doctrina neoliberal. Sin negar sus intuiciones, cabe preguntarse por el alcance de una operación que nos recuerda aquella que, en el extremo opuesto, se hizo hace años atrás para refutar el marxismo, considerado también como una especie de «religión» que además seguiría, jalón por jalón, el mensaje cristiano (pecado original y propiedad privada, necesidad de un redentor y proletariado, etc). Pero esta observación no quita nada, claro está, a la necesidad de una crítica radical a las ideas dominantes hoy en el terreno de la economía. Todo lo contrario.

Una reflexión teológica a partir de los pobres, preferidos de Dios, se impone. Ella debe tomar en cuenta la autonomía propia de la disciplina económica y al mismo tiempo tener presente su relación con el conjunto de la vida de los seres humanos, lo que supone, en primer lugar, considerar una exigencia ética. Por lo mismo, evitando entrar en el juego de las posiciones que acabamos de mencionar, no habrá que perder de vista que el rechazo más firme a las posiciones neoliberales se da a partir de los contrasentidos de una economía que olvida cínica y, a la larga, suicidamente al ser humano. En particular a los que carecen de defensas en este campo; es decir, hoy a la mayoría de la humanidad. Se trata de una cuestión ética en el sentido más amplio del término, que exige entrar en los mecanismos perversos que distorsionan desde dentro la actividad humana que llamamos economía. Valiosos esfuerzos de reflexión teológica se hacen en esta línea entre nosotros.

En este renglón, el de la globalización y la pobreza, debemos colocar también las perspectivas abiertas por las corrientes ecológicas ante la destrucción, suicida igualmente, del medio ambiente. Ellas nos han hecho más sensibles a todas las dimensiones del don de la vida y nos han ayudado a ensanchar el horizonte de la solidaridad social que debe comprender un respetuoso vínculo con la naturaleza. El asunto no afecta únicamente a los países desarrollados, cuyas industrias causan tanto daño al *hábitat* natural de la humanidad, toca a todos, también a los países más pobres. Imposible hoy en día reflexionar teológicamente sobre la pobreza sin tener en cuenta estas realidades.

Profundización de la espiritualidad

Si los puntos anteriores estuvieron de una manera u otra presentes o esbozados desde los primeros pasos de la teología de la liberación, sin negar claro está lo propio y creativo del trabajo al que hemos asistido en estos últimos años, el de la espiritualidad ocupó siempre un lugar de primer plano. Además de la importancia del asunto para todo cristiano, allí se juega la suerte del tipo de teología que postulamos; en efecto, una profunda convicción que siempre nos ha acompañado, y en la cual la obra de M. D. Chenu nos ayudó inmensamente, es que detrás de toda inteligencia de la fe hay una manera de seguir a Jesús[10]. La espiritualidad, así designamos hoy lo que en los evangelios se conoce como el seguimiento de Jesucristo, es la columna vertebral del discurso sobre la fe. Ella es la que le da su significación más profunda y su alcance. Este es uno de los puntos centrales de la comprensión de la teología como una reflexión sobre la práctica, que constituye precisamente el corazón del discipulado. Sus dos grandes y entrelazadas dimensiones, la oración y el compromiso histórico, conforman aquello que en el evangelio de Mateo es llamado hacer «la voluntad del Padre», por oposición a un simple decir «Señor, Señor» (7,21). Cobra así sentido la afirmación de que «nuestra metodología es nuestra espiritualidad»[11]. Ambas son caminos hacia Dios y es necesario seguir avanzando en ellos.

En tiempos recientes hemos tenido una abundante producción en la línea de una espiritualidad de la liberación. La razón es simple: la experiencia espiritual del pueblo

---

10 Cf su célebre *Une école de théologie. Le Saulchoir* (La Saulchoir, 1937).

11 *La fuerza histórica de los pobres*, en *Signos de lucha y esperanza, o.c.*, 176.

pobre del continente, en medio de un proceso histórico que sabe de logros y tropiezos, ha crecido en madurez. Este interés no significa de modo alguno una posición de repliegue frente a opciones de orden social que mantenemos en toda su vigencia en tanto que expresión de la solidaridad con los pobres y oprimidos. Quienes así opinan parecen desconocer la radicalidad que viene de ir al fondo de las cosas, allí donde se anudan cotidianamente amor a Dios y amor al prójimo. En esa hondura se sitúa la espiritualidad. Lejos de ser una evasión de los retos del presente, ella da firmeza y durabilidad a las opciones que acabamos de aludir. Tenía razón Rilke cuando decía que Dios se encuentra en nuestras raíces. Y nunca terminamos de profundizarlas.

En el núcleo mismo de la opción preferencial por el pobre hay un elemento espiritual de experiencia del amor gratuito de Dios. El rechazo a la injusticia y la opresión que ella implica está anclado en nuestra fe en el Dios de la vida. No sorprende, por tanto, que esa opción haya sido rubricada por la sangre de quienes, como decía Mons. Romero, han muerto con «el signo martirial». Fuera del caso del propio arzobispo de San Salvador, esa es la situación sufrida por numerosos cristianos en un continente que se pretende cristiano también. No podemos dejar de lado esta cruel paradoja en una reflexión sobre la espiritualidad en América Latina. En verdad, de muchas maneras la vivencia de la cruz marca la vida cotidiana de los cristianos del continente y del Perú[12].

En ese orden de ideas es capital el itinerario espiritual de un pueblo que vive su fe y mantiene su esperanza en medio de una vida cotidiana hecha de pobreza y exclu-

[12] Ver sobre estos temas los valiosos trabajos de Jon Sobrino.

siones, pero también de proyectos y de una mayor conciencia de sus derechos. Los pobres de América Latina han emprendido la ruta de la afirmación de su dignidad humana y de su condición de hijas e hijos de Dios. En ese caminar se da un encuentro con el Señor, crucificado y resucitado. Estar atento a esa experiencia espiritual, recoger las versiones orales y los escritos en que ella es narrada se convierte en una tarea primordial de la reflexión teológica que se hace entre nosotros. Beber en su propio pozo, llamábamos a ese momento, usando una expresión de Bernardo de Claraval, sus aguas nos permitirán ver la medida de la inculturación de la fe cristiana en pueblos pobres, pero poseedores de una cultura y de una andadura histórica diferentes a las que encontramos en el mundo noratlántico.

Lo que acabamos de decir es una consecuencia de una comprobación ya recordada: el pueblo latinoamericano es, mayoritariamente, pobre y creyente a la vez. En el corazón de una situación que los excluye y maltrata, y de la que buscan liberarse, los pobres creen en el Dios de la vida. Como decían en nombre de los pobres del Perú (más de un millón de los cuales se hallaba allí presente) nuestros amigos Víctor (hoy fallecido) e Irene Chero a Juan Pablo II durante su visita al país (1985): «Con el corazón roto por el dolor, vemos que nuestras esposas gestan en la tuberculosis, nuestros niños mueren, nuestros hijos crecen débiles y sin futuro», y añadían: «Pero, a pesar de todo esto, creemos en el Dios de la vida». Es un contexto, o más bien una realidad vital, que una reflexión sobre la fe no puede eludir. Más bien debe nutrirse de ella. Continuamente.

Unas palabras para concluir. Si bien, como es explicable, hemos puesto el acento en la interpelación que viene del mundo de la pobreza, estamos lejos de pensar que los dos otros cuestionamientos no nos afectan en América Latina y el Caribe. La reflexión teológica del mundo cristiano tiene que enfrentar los tres retos mencionados e incluso hacer ver sus relaciones mutuas. Apenas las hemos rozado en estas páginas, pero estamos convencidos de la importancia y fecundidad de establecer esa trama.

Para ello habría que evitar la tentación de encasillamiento que consistiría en asignar dichos desafíos a los diversos continentes. El de la modernidad al mundo occidental, el de la pobreza a América Latina y a África y el que viene del pluralismo religioso a Asia. Sería una solución de facilidad ajena a los cruces y contactos que se dan hoy entre diferentes pueblos y culturas, así como a la rapidez de la información a la que asistimos y que da lugar a la cercanía que experimentan personas distantes geográficamente.

Naturalmente, hay énfasis propios según las diversas áreas de la humanidad. Pero son solo eso, acentos. Al presente estamos llamados a una tarea teológica que emprenda nuevas rutas y mantenga con mano firme tanto la particularidad como la universalidad de la situación que vivimos. Ese cometido no podrá llevarse a cabo sino con una gran sensibilidad a las diversas interpelaciones recordadas y con un respetuoso y abierto diálogo que asuma como punto de partida histórico las condiciones de vida –en todos sus niveles– de los seres humanos y de su dignidad, en particular los pobres y excluidos. Ellos son para los cristianos reveladores de la presencia del Dios de Jesucristo en medio de nosotros.

Estamos ante una estimulante y prometedora tarea en la que la teología de la liberación tiene mucho por hacer, y sobre todo por aprender.

4

La teología de la liberación en la controversia de opiniones

Gerhard Ludwig Müller

La necesidad de una teología de la liberación

El interés de la opinión pública por la teología latinoamericana de la liberación parece haberse aplacado nuevamente. Los conflictos del magisterio se han desplazado del plano de la teología al de la política eclesiástica y de la disciplina.

¿Tiene la teología que pasar a estar nuevamente a la orden del día y volcarse a la onda de la moda del momento, por ejemplo, a la onda psicológica, que sigue llegando sin problemas a la consciencia pública?

Cada cual valorará a su manera este peculiar fenómeno de interés coyuntural. Pero lo que sigue siendo indiscutible es la catastrófica realidad en la que permanecen las sociedades latinoamericanas y de todo el Tercer Mundo, la misma realidad a partir de la cual surgió la teología de la liberación como un intento de asimilación y superación teológica, y no solamente de formular una explicación y estrategia cualquiera de transformación, sino como respuesta teológica considerando las condiciones sociales, económicas e históricas concretas de la existencia humana desde la perspectiva más elevada del espíritu humano: a la luz de la palabra de Dios.

Esta tiene que ser la tarea permanente de una teología que se comprenda y realice a sí misma en perspectiva de Iglesia universal. Sin duda, la teología de la liberación tiene su origen en los contextos socioeconómicos del Tercer Mundo. Justamente en ello demuestra su originalidad: por su marco contextual de referencia. De hecho no puede haber una teología unitaria universal que, en una mala abstracción, es decir, dejando de lado las circunstancias concretas, formule la verdad del Evangelio con la sola lógica inmanente de los conceptos puros. La teología, como actividad del espíritu, tiene que ser abstracta en el recto sentido de la palabra, haciendo que, en la totalidad del ámbito fenoménico de la realidad conocida, haga reconocible en las manifestaciones lo concretamente esencial. Por eso, toda teología tiene que comenzar de forma contextual. Sin embargo, al hacerlo la teología no se escinde en una suma inconmensurable de teologías regionales. Con una suma semejante podríamos preguntar, a lo sumo, si «podemos cortarnos una rebanada» de otras teologías, que, sin embargo, nada tienen que ver con nosotros. Antes bien, toda teología regional tiene que estar orientada ya en sí misma según la Iglesia universal. Esta dimensión eclesial universal de toda teología regional está fundada en el objeto común, en cuanto ninguna sociedad o cultura existe totalmente aislada frente a sí misma, sino que, justamente en el contexto sociocultural, se encuentra en interdependencia con el desarrollo conjunto de la humanidad. Además, la dimensión eclesial universal de la teología surge también a partir del sujeto teológico, en cuanto el teólogo tiene que pensar en clave de historia universal y de sociedad universal a partir de la unidad de la palabra de Dios dirigida a la humanidad una y a su historia una. No obstante, la unidad objetiva y subjetiva de la teología universal no surge por la absolutización de una teología regional (ejemplo: eurocentrismo). Por el contrario, se realiza en una red de comunicación entre las teologías regionales. Concretamente: yo me ocupo de la teología latinoamericana de la liberación porque las circunstancias sociales, económicas y eclesiales de los hombres en Latinoamérica son una dimensión objetiva de mi propia condición humana en sus condiciones históricas y religiosas globales y porque, subjetivamente, mi comprensión teológica de la revelación divina solo es posible en el marco de la realización universal y escatológica de la salvación en la historia de la humanidad.

No son, por tanto, motivos superficiales, como el intento de estar al corriente en las conversaciones de moda que hacen de la discusión sobre la teología de la liberación un elemento permanente del discurso teológico. Antes bien, son la cosa misma de la teología y su realización metódica las que hacen de la teología de la liberación un aspecto de toda teología con independencia del marco socioeconómico en la que esta se mueva.

Como teólogos europeos no nos dedicamos al análisis de la teología de la liberación simplemente porque existe o porque es interesante ocuparse también alguna vez de otros temas, sino porque representa una teología regional necesaria, sin la cual no puede funcionar el proceso comunicativo global de la teología.

En este sentido declaró el papa Juan Pablo II en la carta que enviara a la Conferencia Episcopal Brasileña en el año 1986 que «la teología de la liberación es no solo oportuna, sino útil y necesaria»[1]. El trasfondo inmediato de la

---

[1] Juan Pablo II, *Mensaje a la Conferencia Episcopal de Brasil,* 5,

teología de la liberación tenemos que situarlo en la nueva concepción de Iglesia que se inicia a nivel de magisterio eclesial en el concilio Vaticano II, especialmente en la Constitución sobre la Iglesia y en la Constitución sobre la Iglesia en el mundo actual, es decir, *Lumen gentium* y *Gaudium et spes*. El ensayo de una aplicación concreta de este impulso conciliar a la Iglesia latinoamericana se expresó en los documentos de las conferencias generales segunda y tercera del Episcopado Latinoamericano en Medellín y Puebla, y halló un gran consenso por parte del magisterio. En las dos instrucciones de la Congregación para la Doctrina de la Fe de 1984 y 1986, que difieren entre sí y deben valorarse también de forma diferenciada en su conjunto, no se cuestiona tampoco en modo alguno la posibilidad de una teología de la liberación auténtica y original, sino que hasta se la reconoce en su necesidad.

Si queremos analizar ahora en sus detalles la teología de la liberación no podemos examinarla en sus lados positivos y negativos desde la posición de los «felices poseedores», o sea, enumerar sus ventajas y desventajas como en un balance comercial anual. Enfrentarse en la reflexión con la teología de la liberación significa introducirse en su discurso teológico y, de ese modo, determinar el propio lugar eclesial y teológico dentro del proceso histórico de la Iglesia universal en la participación en el proceso social y eclesial de la Iglesia en Latinoamérica. Solo dentro de tal participación pueden hacerse aportaciones con discernimiento crítico y, así, constructivas a la comunicación eclesial universal en la teología.

L'Osservatore Romano (edición semanal en lengua española) 18 (1986) 251 (= 27 de abril de 1986, 11).

El nuevo enfoque teológico original de la teología de la liberación

Las concepciones de la teología de la liberación en sus representantes más importantes tienen ciertamente un perfil propio. Por eso se ha dicho ya que no existe *una* teología de la liberación, sino un conjunto no compacto de teologías de la liberación. Sin embargo, en una observación más atenta se pone de manifiesto que no se trata en absoluto de un pluralismo sin posibilidad de integración. El amplio espectro de los matices está enteramente contenido por una temática común, una inquietud fundamental unitaria y el mismo enfoque de método epistemológico. Todavía sigue desempeñando un papel determinante la primera gran sistematización contenida en la obra *Teología de la liberación*, de Gustavo Gutiérrez, a quien con toda razón se llama el «padre de la teología de la liberación». Por supuesto, desde 1971, año de la primera edición de este libro, ha habido un intenso y extenso desarrollo ulterior. Por una parte se fueron declinando sucesivamente desde este enfoque metódico todos los temas de la dogmática y teología moral católicas; por la otra, en especial con vistas a las numerosas objeciones y preguntas, se llevó a cabo una mayor reflexión teórica de todo el enfoque desde la perspectiva epistemológica, metódica. Esta reflexión es la que intentó Clodovis Boff en su libro *Teologia e prática: teologia do político e suas mediações*, Petrópolis 1978[2].

¿Dónde reside, pues, el impulso originario de la teología de la liberación? Es un generalizado malentendido pretender buscar el punto de partida simplemente en la

[2] Trad. esp., *Teología de lo político. Sus mediaciones*, Sígueme, Salamanca 1980.

situación social y económica de la mayoría de la población del Tercer Mundo, catastrófica desde todo punto de vista. No fue simplemente que los cristianos preguntaran qué podían hacer como creyentes y teólogos contra el hambre, la explotación, la desprotección jurídica, la miserable atención médica, la mortalidad infantil, la muerte prematura, la falta de toda posibilidad de formación superior, en una palabra, contra las condiciones indignas del hombre que arruinan a las personas en el cuerpo y en el alma. Si solo se tratara de eso, se podrían haber contentado simplemente con la doctrina social clásica de la Iglesia. En un compromiso de mera acción social, el punto de partida en el plano epistemológico serían las ciencias sociales y la economía social, y la teología sería, en todo caso, una ciencia auxiliar. Pero la teología de la liberación quiere ser ella misma teología pura en el método y la ejecución. Por ese motivo se suele recurrir para la definición de teología a Tomás de Aquino: «Todo lo que trata la doctrina sagrada lo hace teniendo como punto de mira a Dios *[sub ratione Dei]*. Bien porque se trata de Dios mismo, bien porque se trata de algo referido a Él como principio y como fin»[3]. Por tanto, se trata de hacer teología en el estricto sentido de la palabra. Ahora bien, ello comprende también la descripción de la realidad del mundo, o sea, de las cosas del mundo en cuanto guardan relación con Dios. Pero la descripción y captación de las circunstancias concretas en las que se mueven los hombres no es posible sin la ayuda de las ciencias empíricas, en el caso concreto también de las ciencias sociales, de las ciencias políticas y de la economía. La sociología y otras ciencias son utilizadas

[3] *Summa theologiae* I, q. 1 a. 7. Cita según SANTO TOMÁS DE AQUINO, *Suma de Teología* I, BAC, Madrid 2001, 94.

por la teología como ciencias auxiliares. De modo que la pregunta no es: ¿Qué tiene que decir un cristiano acerca de las injusticias que se cometen en el Tercer Mundo, que claman al cielo? Su pregunta fundamental tiene una orientación teológica y reza: ¿Cómo se puede hablar de Dios, de Cristo, del Espíritu Santo, de la Iglesia, de los sacramentos, de la gracia y de la vida eterna frente a la miseria, la explotación y la opresión del ser humano en el Tercer Mundo si comprendemos al hombre como un ser que ha sido creado a imagen de Dios y por quien Cristo murió para que experimente en su vida en todos los ámbitos a Dios como salvación y vida? Por supuesto, aquí hay que partir del Dios de la Biblia. Dios no es un absoluto abstracto que nos sale al encuentro, más allá de nuestro mundo material y después del tiempo histórico, en la interioridad ajena al mundo de un alma puramente espiritual. Por el contrario, es el Dios que ha creado el mundo y al hombre en la forma de realización espiritual-material, y que se acerca a esa realidad única como vida: en la creación, en la historia y la plenificación final. Dios es el Dios de la vida y de la salvación en cuanto ofrece y realiza la salvación y la vida dentro de la unidad del mundo creacional, social e histórico del hombre en la unidad espiritual-corporal del hombre.

De modo que la salvación no se refiere a un trasmundo situado en el más allá y fuera del tiempo y pensado como objetivo y trascendente, que se levanta, de alguna manera, como un segundo piso sobre el piso bajo de este mundo. Según esta perspectiva, aunque el mundo profano del más acá pueda ser para la mayoría de los seres humanos un valle de lágrimas y para la minoría un país de Jauja lleno de riquezas, en cualquier caso, este mundo solo tendría que ver con la salvación del más allá por el hecho de que el alma inmortal se asegura, a través de prácticas de piedad y de un buen comportamiento moral, la candidatura a la felicidad en el otro mundo. Según ello, el pecado sería solamente un descuido de la práctica religiosa en la oración y la liturgia y un comportamiento moral erróneo por la transgresión de diferentes mandamientos que Dios nos ha puesto de forma puramente formal como campo de ejercitación para nuestra obediencia. En consecuencia, el pecado no sería la oposición contra Dios mismo y contra él en la medida en que quiere la salvación y la vida de todo ser humano. Este dualismo de bienestar en el más acá y salvación en el más allá, de promesa actual y cumplimiento posterior, se ha encontrado frente a una acusación con fuerza histórica en el reproche marxista de que la religión cristiana no es más que una ideología de vano consuelo y sirve a la estabilización de la injusticia y la explotación en la sociedad. No se puede eludir la indudable razón parcial de este reproche sumando simplemente el bienestar en este mundo y la salvación en el otro. Se sigue estando bajo las condiciones del enfoque dualista si se ofrece aquí ingenuamente como solución un *et... et* (tanto lo uno como lo otro), o si, en irreflexiva pertinacia, se piensa salir al paso del marxismo con la referencia a que el sufrimiento es también un camino a la salvación y que Jesús alabó a los pobres en el espíritu y les prometió el reino de los cielos. Aquí se pone también de manifiesto el límite de la doctrina social católica clásica, sin que con ello deban impugnarse sus méritos (precedencia del trabajo sobre el capital, vinculación social, propiedad privada de los medios de producción, de la tierra, acceso de todos los hombres a los bienes materiales de la tierra, y, en el caso límite, incluso el derecho a la resistencia armada contra sistemas políticos de explotación y violación de los derechos humanos). La doctrina social no puede prestar aquí una ayuda fundamental para un avance porque, en cierto sentido, sigue estando en deuda con el enfoque dualista. Por un lado, se encuentra el mundo natural, cuyas leyes y ordenamientos son accesibles a la razón (considerada como ahistórica). Por el otro se encuentra el orden sobrenatural de la gracia. Según este esquema, el Estado se ocupa de los *temporalia,* y la Iglesia solo formula subsidiariamente los principios y fines de la justicia y del bienestar para todos, aunque estos fines ya son accesibles a la razón natural, justamente sin un recurso epistemológico a la fe sobrenatural y sin la ayuda de la gracia sobrenatural. En sentido propio, a la Iglesia le corresponde la tarea de tener competencia en los *spiritualia.* Para sustraerse a la poderosa atracción de estas categorías dualistas, que, a través del platonismo y del idealismo, dominaron durante largo tiempo en la dogmática cristiana, hay que comenzar, especialmente en cuanto a la forma de pensar, por la idea de unidad bíblica hebrea. Hay que partir de la experiencia de Dios como autor del mundo uno en la creación y en la redención y de la experiencia de la totalidad personal del ser humano en su existencia espiritual-corporal tanto individual como social. Por esta razón, toda la temática de la teología debe concebirse de nuevo también en lo formal. A partir de allí surge también una nueva comprensión metódica de la teología. De forma un tanto esquemática se describiría la teología clásica como captación teórica de la realidad y también del actuar constitutivo de Dios en el mundo. La teología del siglo pasado, más orientada hacia lo existencial-antropológico, preguntaba qué eran Dios, la revelación y la gracia para el hombre y qué aportaban para la autocomprensión del hombre. La teología de la liberación, en cambio, comprende por teología la participación activa, transformadora y, por ello, práctica en el actuar liberador integral inaugurado por Dios, un actuar a través del cual él cualifica la historia como un proceso de la libertad en su realización. Esta participación acontece en el actuar transformador que libera al hombre haciendo de él al mismo tiempo coprotagonista en la plasmación activa del proceso de liberación. Ahora es imposible establecer una separación adecuada de teoría y praxis, de teología teórica y práctica. La teología no capta primero teórica y conceptualmente la realidad para intentar después, en un paso ulterior, aplicar las ideas de la fe a la realidad material concreta. No obstante, tampoco se trata de que un activismo sin pensamiento produzca de alguna manera mágica y mítica la verdad de las ideas a partir de sí mismo. Antes bien, praxis y primado de la praxis significan un encuentro integral con la realidad y la participación en el proceso de su realización social e histórica. Al participar el hombre con su conocimiento y su acción transformadora en el proceso de la realidad, el intelecto es determinado por la realidad en cuanto principio del conocimiento, y en ello mismo se realiza también el conocimiento. Pero esto no difiere de la determinación clásica de la relación entre fe y amor. En la fe el hombre acepta totalmente en el amor de Dios que se autocomunica, se une en el amor con Dios, que es la energía y la fuerza de su fe (Gál 5,6) y participa con su propia acción en el amor activo y liberador de Dios a todos los hombres. Justamente, solo la fe que actúa en el amor y la fe cuya forma y realidad interior es el amor experimenta completamente el regalo de la gracia o, en el contexto social y escatológico global, el don del reino de Dios. «El amor es el sustento y la plenitud de la fe, de la entrega al otro e, inseparablemente, a los otros. Ese es el fundamento de la praxis del cristiano, de su presencia activa en la historia. Para la Biblia la fe es la respuesta total del hombre a Dios que salva por amor. En esta perspectiva, la inteligencia de la fe aparece como la inteligencia no de la simple afirmación –y casi recitación– de verdades, sino de un compromiso, de una actitud global, de una postura ante la vida»[4]. Por tanto, la teología no comienza con una relación abstracta y teórica con la realidad. El teólogo participa con su comprensión y con su acción en el proceso de transformación de la historia, que es una historia de la liberación por parte de Dios, y después, en un segundo paso, llega a través de la reflexión a una concepción intelectual de conjunto acerca de ese proceso. La participación en el proceso de liberación y la reflexión crítica sobre dicho proceso conducen de nuevo, en un tercer punto, hacia una transformación comprensiva de la realidad en dirección hacia la meta que Dios le ha puesto. De ese modo resultan para la realización de la teología tres pasos metódicos: primeramente, el cristiano participa en la praxis de Dios liberadora del hombre a través de su acción, de su sufrimiento y de su comprensión; en un segundo paso, llega, iluminado por el evangelio, a una reflexión crítica y racional de la praxis; y, en el tercer paso, se dirige hacia una transformación críticamente reflexiva de la realidad. En ese movimiento se tiene en consideración la liberación de los hombres para la libertad en el reino definitivo de Dios. De ahí surge justamente una opción por aquellos que deben ser liberados y que participan, a su vez, de forma activa y consciente, como liberados en la fe, en el proceso de liberación: pero estos son los oprimidos, los pobres y misera-

[4] G. Gutiérrez, *Teología de la liberación. Perspectivas*, Sígueme, Salamanca 1990[14], 61.

bles. En efecto, el actuar liberador de Dios apunta a que el hombre llegue a ser sujeto. El hombre no recibe pasivamente el don de la libertad, sino que se torna al mismo tiempo él mismo en portador, junto a los otros, del proceso de liberación. Por eso, de su condición de mero objeto de atención estatal y eclesiástica el hombre pasa a ser sujeto, portador e impulsor activo del proceso de liberación. En especial también la Iglesia no es ya solamente Iglesia para el pueblo, sino Iglesia del pueblo. El pueblo de Dios se torna él mismo en sujeto que impulsa con su acción la historia hacia la meta de la completa liberación. Por eso, en el sentido del Vaticano II la Iglesia no es simplemente una institución que administra la salvación. La Iglesia como totalidad (con su articulación interna en laicos y jerarquía) se torna en signo e instrumento para la comunión de Dios con los hombres y de los hombres entre sí. La Iglesia es activamente el sacramento del reino de Dios o de la salvación del mundo. Este es también el sentido originario de las comunidades de base. «Base» no se entiende aquí precisamente en contraposición a la jerarquía. Se trata de que la comunidad como conjunto (con su articulación y subdivisión interior en diferentes carismas, servicios y ministerios) se torne en sujeto del actuar liberador y de la praxis histórica de liberación. De ahí surge también el poder histórico de los pobres, en cuanto ellos mismos participan como sujetos en el proceso histórico y, al realizar tal participación, se tornan en sujetos de la acción salvífica. Por tanto, lo nuevo de la teología de la liberación no consiste en que ella proporcione a la teología nada más que un nuevo tema o que apunte a otros contenidos de la revelación. Lo esencial consiste más bien en un nuevo enfoque y en un nuevo método con el que se conciben de nuevo de forma integral los contenidos clásicos de la teología católica. «Por todo esto la teología de la liberación nos propone, tal vez, no tanto un nuevo tema para la reflexión, cuanto una nueva manera de hacer teología. La teología como reflexión crítica de la praxis histórica es así una teología liberadora, una teología de la transformación liberadora de la historia de la humanidad y, por ende, también, de la porción de ella –reunida en *ecclesia*– que confiesa abiertamente a Cristo. Una teología que no se limita a pensar el mundo, sino que busca situarse como un momento del proceso a través del cual el mundo es transformado: abriéndose –en la protesta ante la dignidad humana pisoteada, en la lucha contra el despojo de la inmensa mayoría de los hombres, en el amor que libera, en la construcción de una nueva sociedad, justa y fraternal– al don del reino de Dios»[5].

Ahora bien, la teología misma como reflexión crítica se desarrolla en los tres pasos de:

1. mediación socioanalítica,
2. una mediación hermenéutico-sistemática y
3. una mediación y aplicación pastoral práctica.

A este respecto hay que tener en cuenta, frente a ciertas críticas, que la mediación socioanalítica no se antepone como mera teoría científico-social profana a la teología propiamente dicha. Este primer paso forma ya parte de la misma teología, en cuanto la teología ve la situación social concreta ya a la luz de la experiencia de Dios como creador y liberador de cada hombre. Aunque este primer paso teológico se dé también con la ayuda del

[5] Ib, 72.

análisis de las ciencias sociales, sigue siendo un elemento estrictamente teológico.

La teología de la liberación en su realización

La mediación socioanalítica

La teología de la liberación parte del hecho de que nuestra relación con Dios y nuestra situación en el mundo y la sociedad forman una unidad. Como el hombre representa una unidad espiritual-material mediada en sí misma, su relación personal con Dios no puede separarse de las condiciones sociales en las que se realiza históricamente su condición humana. A la inversa, en relaciones sociales antagónicas se manifiesta también la perturbación de la relación con Dios. Por ese motivo, las estructuras sociales, en la medida en que degradan a la mayoría a la condición de no-hombres, se manifiestan de manera irrefutable, especialmente en Sudamérica, como expresión y consecuencia de la pérdida de Dios y, con ello, como un impedimento para experimentar a Dios como Dios de la vida. En efecto, lo que allí se da como opresión, injusticia y miseria no tiene nada que ver con el romanticismo social de la vida sencilla y modesta. Simplemente, la pobreza no significa allí otra cosa más que muerte. Pero, ¿cómo surge la masiva y mortífera pobreza? Pobreza significa allí no solamente el resultado de un infortunio personal o de una incapacidad personal de llevar logradamente adelante la vida, sino una condición estructural e ineludible de la existencia que destruye la vida de la mayoría de los hombres. Para llegar aquí a un primer reconocimiento se necesita una ciencia empírica con un instrumental científico social. En ese contexto se llega también a tomar elementos del análisis marxista de las sociedades modernas bajo las condiciones económicas industriales y orientadas por el capital. Fuera de discusión está el hecho de que la teología de la liberación no quiere tener nada que ver con el totalitarismo ideológico del comunismo de cuño leninista y estalinista. Pero ella hace propia la percepción de que no hay existencia humana fuera de sus condiciones históricas y sociales, y de que tampoco el conocimiento de la verdad puede darse sin tener en cuenta la perspectiva del observador, condicionada por sus propios intereses. Sin duda hay en el comunismo un enfoque materialista. Pero, en realidad, está pensado como contraposición al idealismo y no a un cristianismo que, en la antropología, parta de una unidad espiritual-corporal del hombre y que, con ello, considere, al mismo tiempo, la realidad espiritual y su realización bajo las condiciones materiales del ser en el mundo. A diferencia del marxismo, la teología de la liberación no comprende al hombre simplemente como el producto y el conjunto de sus condiciones materiales. Antes bien, el hombre es la persona creada y llamada por Dios que es sujeto y portador de la realidad y, con ello, también plasmadora de las condiciones materiales de la existencia humana en el ámbito económico y social. Si Dios quiere liberar al hombre y hacerlo, de ese modo, sujeto de sí mismo, solo se dará una realización concreta de la subjetividad y la libertad si se modifican las condiciones bajo las cuales se realiza la libre subjetividad. Con ello, el hombre tiene que ser también sujeto del proceso de transformación en la historia. Y, al participar en el proceso de transformación de la historia, él se crea al mismo tiempo las condiciones para la participación en el proceso de conocimiento de la humanidad a la luz del Evangelio. Ahora bien, el antónimo de liberación es opresión. La opresión surge de la dependencia. La dependencia significa que las condiciones materiales de vida se encuentran tan restringidas que la libre subjetividad del hombre no puede desarrollarse. Pero las estructuras de dependencia no se dan de forma fatal y por un condicionamiento de la naturaleza. Eso sería un erróneo fatalismo que desembocaría en el hecho de que, por voluntad de Dios, la humanidad estuviese escindida en opresores y oprimidos, ricos y pobres, señores y esclavos. Por el contrario, la dependencia global es resultado de un proceso histórico y de su actual prosecución. Con la colonización de Sudamérica desaparecieron las circunstancias culturales y económicas independientes de las culturas indígenas. (No cabe aquí ninguna transfiguración romántica, puesto que, a pesar de que en las culturas de los incas y aztecas apenas había pobreza material, las cosas no estaban nada bien en cuanto a la libertad de la persona. En efecto, imperaba un inescrupuloso absolutismo de Estado). Latinoamérica se convirtió en proveedor de materias primas y en *hinterland* de los centros económicos de Europa y Norteamérica. Existe una interacción. La prosperidad del centro condiciona la marginación de Latinoamérica a la periferia. Son los sistemas económicos del mercantilismo y, después, del capitalismo industrial moderno de los estados centrales y de sus agentes en las poderosísimas empresas multinacionales los que producen una marginación del Tercer Mundo y una pauperización de sus amplias masas populares. En nada cambia el resultado el hecho de que algunos representantes del conjunto industrial-capitalista tengan subjetivamente buena voluntad. Se trata de las constantes objetivas que resultan a partir de la interdependencia entre el centro y la periferia del sistema económico en el mundo. Aunque en las sociedades centroeuropeas el capitalismo esté domesticado por el Estado social, sigue en pie el hecho de que, a nivel mundial, los Estados y las sociedades internacionales de capital se comportan todavía de forma puramente capitalista según el principio de una maximización incondicional de los beneficios a costa de los débiles. Mencionemos solo algunos puntos de referencia: países con bajas remuneraciones, proveedores de materias primas a bajo coste, la orientación de la producción agrícola no a las necesidades de la población nativa sino a los productos de lujo del Primer Mundo, fuga de capitales de los beneficiarios nativos, otorgamiento de créditos internacionales para la creación de infraestructura para la industrialización a la vez que exención de impuestos para los inversores extranjeros. El resultado es que los Estados tienen que devolver los créditos multiplicados con intereses e intereses de intereses sin tener participación en los complejos industriales nativos a través de la obtención de impuestos, pues sus ganancias retornan a las sociedades matrices extranjeras. También hay que mencionar las medidas de presión del Banco Mundial y del Fondo Monetario Internacional, que quieren obligar a estos Estados al pago de los créditos, cosa que solo es posible por medio de subidas impositivas internas y de la desaparición de las subvenciones a los alimentos fundamentales, lo que tiene por consecuencia una ulterior pauperización hasta la muerte de hambre de los más pobres. También habría que mencionar las elites de poder nativas y un despilfarro del presupuesto del Estado en rearmes militares improductivos y objetos de prestigio carentes de sentido. Este desequilibrio entre periferia y centro está condicionado por el sistema. (Esto no excluye que haya medidas de ayuda eclesiales y privadas que sean de buena voluntad y que representen una asistencia inmediata a menudo necesaria. Pero estas medidas no pueden introducir un cambio fundamental). Tampoco basta aquí un mero llamamiento a la buena voluntad de los ricos y poderosos. Como estas circunstancias están condicionadas por la estructura, hay que ir a la raíz de la miseria general e introducir un proceso de liberación global.

La teología de la liberación menciona la estructura a partir de la cual resultan la opresión y la explotación: el capitalismo. Con él se designa no simplemente un sistema económico en el que tiene un lugar importante la libre empresa. Antes bien, el capitalismo significa la combinación de dinero y medios materiales de poder en manos de una oligarquía o, también, de los centros internacionales de la economía y el poder. Como antónimo utiliza la teología de la liberación el concepto de socialismo. No obstante, con ello no se está haciendo referencia a una economía planificada y comandada. Por el contrario, el objetivo que se tiene aquí en vista es una participación activa de todos los estratos de la población de los distintos países, también de los países subdesarrollados, en el proceso global de la economía. En la medida en que, para mantener su riqueza y sobreabundancia, las elites de poder están obligadas a explotar y oprimir a amplias masas del pueblo, la teología de la liberación habla en este sentido también de una lucha de clases desde arriba. La sociedad se comprende como un campo de conflicto de intereses. En general, la historia no se desarrolla a partir de un despliegue armónico de sus virtualidades, sino por el antagonismo de principios e intereses contrapuestos. No obstante, la contraposición entre el Primer y el Tercer Mundo en la actualidad no es más que una configuración histórica del antagonismo general que atraviesa la historia. Desde una perspectiva más profunda se refleja en el plano de la situación social e histórica la contraposición última de la historia, que la teología concibe como un enfrentamiento entre gracia y pecado. Al recurrir en parte al vocabulario marxista y hablar de lucha de clases, la teología de la liberación no quiere una aniquilación de los hombres de una clase a manos de la otra. No se trata de un burdo cambio de papeles entre opresores y oprimidos, entre explotadores y explotados. Desde una visión cristiana se trata de la participación en la lucha de la gracia contra el pecado y, concretamente, también de una encarnación de la salvación en estructuras sociales promotoras de la vida así como de una superación del pecado y de su objetivación en sistemas de explotación. Pues gracia y pecado no existen simplemente de forma idealista y espiritualista solo en sí mismos, sino siempre y solo junto con su encarnación y materialización en las circunstancias de la vida humana. En este sentido dice la teología de la liberación que gracia y pecado tienen su respectiva dimensión política. Tal vez podría hablarse, mejor, de dimensión social, en cuanto en los Estados modernos no totalitarios hay que restringir el concepto de política a la gestión de las fuerzas sociales libres y de su interacción.

A todo esto, tal percepción del carácter social de la gracia o del pecado no es para nada tan nuevo como parece. En la doctrina clásica de la gracia se habla siempre de una dimensión eclesial, por tanto, de una dimensión también social de la gracia, así como de su encarnación en las buenas obras, es decir, justamente en la plasmación activa del mundo. En la doctrina clásica del pecado original se ha dicho ya que, originalmente, el pecado surge del abuso del libre albedrío, que después corrompe la naturaleza del hombre, vale decir, el contexto de conjunto de sus condiciones de vida materiales y espirituales. Pero, viéndolo desde la naturaleza corrupta, está claro que, después del pecado, se hace imposible la autotrascendencia de la persona hacia Dios y hacia el prójimo en la fe y el amor[6]. De ese modo se entiende también que solo a partir de la persona del hombre nuevo (nuevo Adán), o sea, justamente desde Cristo, puede realizarse de nuevo también la naturaleza humana redimida y liberada. Como nuestra naturaleza está liberada de las condiciones de la naturaleza enajenada de Dios, como hombres nuevos que han sido creados por Dios en santidad y justicia podemos ahora, como personas liberadas para la libertad, actuar también de una manera nueva y, con ello, participar en el actuar liberador de Dios en la historia.

La mediación hermenéutico-teológica

La experiencia de explotación y el análisis de sus condiciones históricas y sociales deben interpretarse ahora a la luz de la revelación. Los testimonios bíblicos nos muestran a Dios como el Creador que elige la historia como lugar de su actuar liberador. Su acción salvífica libera al hombre no de la historia, sino para la historia como campo de realización de las condiciones materiales apropiadas para que él ejerza su condición de persona espiritual. El mensaje de la creación se interpreta en el contexto integral de la historia del actuar salvífico. Ese mensaje nos muestra el origen y la meta de la condición de imagen de Dios propia del hombre, que, como realidad personal, se realiza siempre de forma material, es decir, mundana y corporal. El actuar

[6] Véase SANTO TOMÁS DE AQUINO, *Summa theologiae* III q. 69 a. 3; I-II q. 81 a. 1; q. 82 a. 1 ad 2; III q. 8 a. 5 ad 1.

histórico de Dios frente a su criatura que en el pecado se ha apartado de él se encuentra siempre en el signo de la salvación del hombre y de las condiciones esclavizantes que el mismo hombre ha producido y que le impiden la comunión con Dios y con el prójimo en el amor. Desde la perspectiva bíblica, esto se manifiesta de forma fundamental en la experiencia del Éxodo. La salvación no se encuentra simplemente en la interioridad del alma, que no podría ser alcanzada por los látigos egipcios. Tampoco se promete a los oprimidos israelitas simplemente un más allá mejor pensado en términos objetivos. Por el contrario, la salvación se realiza en el actuar liberador real de Dios, que saca a los oprimidos de la esclavitud. Pero esto es algo totalmente distinto que un recorte inmanentista u horizontalista. El actuar liberador de Dios, que abarca también las condiciones materiales de la vida, conduce a la alianza con Israel. La alianza es la meta interior de la liberación. La liberación es la manifestación exterior de la alianza, es decir, de la unión de amor personal y comunitaria de los hombres con Dios. Así, pues, frente a la figura histórica de la realización de la salvación existe ahora realmente una trascendencia de la salvación. Pero la trascendencia de la salvación no consiste en un más allá espacio-temporal, en un mundo situado detrás de la creación. La creación de Dios es una y única, y con ella puede relacionarse el hombre de diferentes maneras. La trascendencia de la salvación frente a su realización histórica no se inicia en el punto de nuestra muerte individual o del final colectivo de la historia de la humanidad. Antes bien, allí se realiza la plenificación de la trascendencia de la salvación, en cuanto Dios se torna en contenido absoluto de nuestra autotrascendencia personal (visión de Dios, comunión eterna de amor con él). Al mismo tiempo, aquí se realiza también la plenificación de la inmanencia de la salvación, en cuanto Dios redefine el conjunto de las realidades histórico-sociales y materiales de nuestra existencia de criaturas (resurrección del cuerpo, comunión de los santos, creación del cielo nuevo y de la tierra nueva). De modo que Dios mismo es el contenido absoluto de la salvación tanto en la relación trascendental-personal del hombre con él como también en la plenificación y restauración de las condiciones materiales de vida del hombre que existe corporalmente en la creación –aunque, sin duda, tal plenificación y restauración se dará de una manera que se oculta a nuestra representación imaginativa actual–.

Por tanto, se malentendería por completo la salvación en el cristianismo, tomada en el sentido del Nuevo Testamento, si se la quisiera espiritualizar en contraposición a una visión supuestamente veterotestamentaria y materialista de la salvación.

Ahora bien, la teología de la liberación apunta en su interpretación de la Escritura de manera especial también a la crítica profética de todo culto exterior que pierda de vista el amor a Dios y al prójimo. Ella muestra la especial inclinación de Dios a favor de los pobres y marginados tal como se manifiesta en la literatura profética, especialmente en el llamado Deuteroisaías (Is 40–55), en la promesa mesiánica de un evangelio para los pobres.

En el Nuevo Testamento, la mirada se dirige hacia el actuar del reino de Dios tal como lo presentan especialmente los evangelios sinópticos. Jesús anuncia su evangelio para los pobres, los cautivos, los oprimidos, los que sufren en el cuerpo y en el alma y los marginados. Él ha venido para los pecadores, y no para los justos. Aquí puede constatarse una opción del mismo Jesús por los pobres, en cuanto estos representan por antonomasia a los hombres que buscan en Dios la salvación y la liberación de las circunstancias que los oprimen. En las sanaciones de Jesús se muestra ejemplarmente la relación intrínseca entre salvación (la venida escatológica de Dios en el hombre Jesús como nueva alianza) y sanación (como realización de la salvación en las condiciones de la existencia corporal del hombre). La sanación corporal es, de alguna manera, una anticipación de la inmanencia escatológica de la salvación. Jesús era, por cierto, cualquier otra cosa menos un reformador social o un agente político. No quería curar síntomas. Trajo de forma integral el reino de Dios, que ahora quiere superar en principio también los síntomas del pecado en estructuras sociales injustas. En efecto, Jesús no era tampoco, por otro lado, el mensajero de una mística del más allá, ajena al mundo, o de una ascética desencarnada. En el anuncio y la acción de Jesús tenemos la unidad del aspecto trascendente y del inmanente de la salvación. Tampoco su muerte en la cruz puede hacerse valer a favor de una religiosidad ajena al mundo, que separe la creación de la salvación. Antes bien, Jesús murió para demostrar el amor de Dios que transforma el mundo y que trae liberación también frente a la resistencia de los pecadores. La muerte de Jesús en la cruz ha cualificado ahora el mundo y la historia como campo de la nueva creación, que se va imponiendo. Por eso habla también de una nueva alianza en la carne y la sangre de Cristo. No encuentra a Cristo quien lo busca fuera de la corporeidad y de la mundanidad de la existencia cristiana, sino que quien come su carne, es decir, quien comulga con su realidad encarnatoria, tiene también la vida eterna, con ello la comunión con Dios y, así, la trascendencia de la salvación. Por eso la cruz de Jesús demuestra ser la revelación escatológica de la opción de Dios por los pobres. Dios se compromete en un proceso histórico global del lado de los oprimidos a fin de conducirlos a la libertad y de hacerles posible la participación en el triunfo de la salvación prometida por Dios a todos los hombres. En este sentido habla Gutiérrez con razón del poder histórico de los pobres. Si los pobres participan en el proceso de salvación, entran también en la historia y salen de su situación marginal y de su insignificancia. Pero Dios se compromete también por los explotadores y poderosos en cuanto los libera del temor con el que piensan tener que apoderarse de la vida solo a costa de otros. De ese modo, él les posibilita también una verdadera libertad. En la resurrección de Jesús Dios nos ha mostrado ahora qué es propiamente la vida y cómo podemos traducir la libertad a las estructuras experimentables de la realidad a través de un poder existir-para-otros. Dios demuestra ser el padre de todos los hombres, su hermano en Cristo y su amigo en el Espíritu Santo. Por eso, él hace posible una vida en libertad, hermandad e igualdad.

La mediación pastoral práctica

El análisis social y las reflexiones teológicas realizadas hasta aquí desembocan, a su vez, en la acción de la Iglesia de Cristo. La Iglesia solo puede ser Iglesia de Dios si no tiene por meta solamente su subsistencia e influencia como organización e institución. Como lo formula Dietrich Bonhoeffer, solo puede ser Iglesia de Dios si es Iglesia para otros. Tiene que dejarse comprometer en el actuar liberador de Dios en la historia. Formulado en el sentido del concilio Vaticano II, esto significa que la Iglesia es signo e instrumento de la unión de Dios con los hombres y de los hombres entre sí. La Iglesia está al servicio de la meta de

Dios con la humanidad en la historia. La alternativa no puede ser: «O bien Dios trae él solo el reino de Dios al fin de los tiempos, o bien el hombre realiza el reino de Dios, pero que, justamente, de ese modo solo sería el reino del hombre». Por razones propias de la teología de la gracia hay que excluir también una repartición que cuantifique la aportación divina y la humana en el resultado total. La gracia de Dios y la libertad (acción) humana están en una relación diferente. Dios se comunica como contenido a la libertad humana y se regala al movimiento de la libertad del hombre como meta hacia la que se mueve dinámicamente la libertad humana también con su plenificación histórica y material (trascendencia de la salvación). Pero, con ello, Dios realiza la salvación de forma trascendental y categorial en la historia de tal modo que el hombre no queda excluido sino, por el contrario, comprometido como portador de la historia y plasmador del mundo y de la sociedad (inmanencia de la salvación). Solo quien hace la verdad vive en la presencia de la salvación sin que tenga que producir primero autónomamente su propia acción. De ese modo se demuestra como superada la contraposición de ortodoxia y ortopraxis, de conocimiento de la verdad a través del pensamiento y conocimiento de la verdad a través de la acción, de fe y amor. La existencia cristiana y la misión de la Iglesia contienen necesariamente la participación en el proceso escatológico e histórico de liberación. De ella forma parte la celebración siempre nueva de la liberación en la liturgia y los sacramentos así como la toma de consciencia siempre nueva de las condiciones sociohistóricas de la opresión y el esclavizamiento. También esto es tarea de la predicación, de la catequesis, de los actos formativos, pero asimismo de la protesta pública contra la opresión: la solidaridad con los pobres y su devenir sujeto que toma en las propias manos su destino plasmando activamente su vida y liberándose de las coacciones sociales. La acción liberadora de los pobres, su solidaridad y, con ello, la lucha de clases, no consisten (a no ser en casos extremos) en un levantamiento armado contra los explotadores. Se trata ante todo de una activación en grupos de autoayuda, en la asunción de responsabilidad política y cultural, en el trabajo en el barrio, en la organización sindical y partidaria política, de modo de introducir así, a través del poder de los pobres, una transformación de la sociedad entera también con vistas a las estructuras económicas globales. También el concilio Vaticano II habla en este sentido del papel de la Iglesia, en la medida en que, en la participación en el proceso histórico total de la humanidad, ella se torna en sacramento de la liberación. «Los gozos y las esperanzas, las tristezas y las angustias de los hombres de nuestro tiempo, sobre todo de los pobres y de cuantos sufren, son a la vez gozos y esperanzas, tristezas y angustias de los discípulos de Cristo» (*Gaudium et spes*, 1). «Para cumplir esta misión es deber permanente de la Iglesia escrutar a fondo los signos de la época e interpretarlos a la luz del Evangelio (...). Es necesario por ello conocer y comprender el mundo en que vivimos, sus esperanzas, sus aspiraciones y el sesgo dramático que con frecuencia le caracteriza (...). El género humano se halla en un período nuevo de su historia, caracterizado por cambios profundos y acelerados, que progresivamente se extienden al universo entero. Los provoca el hombre con su inteligencia y su dinamismo creador; pero recaen luego sobre el hombre, sobre sus juicios y deseos individuales y colectivos, sobre sus modos de pensar y sobre su comportamiento para con las realidades y los hombres con quienes convive. Tan es así esto, que se puede ya hablar de una verdadera metamorfosis social y cultural, que redunda también en la vida religiosa» (*Gaudium et spes*, 4).

Así, pues, en un análisis preciso de la teología de la liberación se pone de manifiesto que se encuentra enteramente en continuidad con la teología clásica, pero algunos rasgos fundamentales que hasta ahora solo habían acompañado ocultamente el camino de la teología son articulados por ella de forma totalmente nueva con vistas a la situación social concreta de Latinoamérica, una situación que, por supuesto, no puede separarse del dominio ejercido por los centros de la economía mundial.

Justificación y límites de una crítica a la teología de la liberación

La teología de la liberación es rechazada solo por pocos teólogos si se deja fuera de consideración a aquellos que, en la sociedad, el Estado y, en parte, también en la Iglesia, temen por sus privilegios. Desde parte del magisterio y de la teología solo se valoran críticamente elementos teóricos puntuales o bien se reclaman más diferenciaciones en ciertos puntos. Dentro de la Iglesia no puede haber una autoinmunización de teologías regionales (la teología europea como jueza sobre las teologías de las Iglesias jóvenes o, por el otro lado, la afirmación de que, a priori, los europeos no pueden entender la teología de la liberación). Si ese fuese el caso, toda traducción sería de antemano un sinsentido. En el diálogo tiene que tratarse ante todo de superar posibles malentendidos. A menudo, el diálogo fracasa por la diversa interpretación de conceptos con los que se opera (socialismo, capitalismo, lucha de clases, etc). Pero un primer principio hermenéutico es no separar de su propio sistema de referencias aspectos problemáticos que estén presentes en otra concepción para examinarlos aisladamente en cuanto a sus implicaciones y atribuirles los principios y consecuencias así averiguados como objetivos del enfoque en su conjunto.

El punto que principalmente se ataca es siempre la mediación socioanalítica y la parcial utilización del instrumental conceptual marxista (teoría de la dependencia, esquema teoría-praxis, interpretación del hombre como plasmador creativo de la historia y sujeto del proceso histórico). En principio, no puede haber duda alguna respecto de la justificación de tomar un análisis empírico y científico social como punto de partida de la teología. También la teología clásica comienza con una exposición de la situación del hombre, que ella considera como criatura, como destinatario de la gracia o como pecador. La teología de la liberación no hace aquí más que extender la línea hacia las condiciones estructurales de la condición de criatura en el pecado o en la gracia. Que la teoría de la dependencia sea en ello una explicación total de la situación histórica de los países del Tercer Mundo puede dejarse en suspenso. Sin duda se puede remitir siempre también a la inabarcable complejidad de los factores que componen la situación actual. Pero tal complejidad no debe convertirse nunca en una excusa para no reflexionar y no hacer nada, y, con ello, para la conservación del *statu quo*. Por lo menos en los países de los centros norteamericanos y europeos de la economía mundial no existe teoría alternativa alguna que pueda explicar mejor los hechos de la explotación, la pobreza y la opresión y poner en movimiento una estrategia de real transformación. Naturalmente, desde el punto de vista histórico, todos los socialismos existentes en la realidad han perdido su vigencia. Pero no por eso tiene que haberse agotado la validez de determinadas percepciones sociológicas y económicas expresadas por Marx acerca del sistema de las modernas sociedades industrializadas. Tales percepciones no están tampoco inseparablemente asociadas a su imagen atea del hombre. Según dicha imagen, el hombre es el creador soberano de su propia existencia, y por causa de su voluntad hay que negar la existencia de un Dios creador y de la acción global de su gracia. Pero tampoco el llamado materialismo histórico es una creación *sui generis*. Muchos de los elementos de su teoría deben ser examinados en cuanto a su origen en la comprensión judeocristiana de la historia y del *eschaton*. Especialmente al cristianismo le es ajena una concepción simplemente armónica y evolutiva de la historia. La gracia y el pecado se consideran en él como las leyes del movimiento antagónico del drama de la historia. Para la teología de la liberación, tales leyes hallan su ampliación en el momento histórico actual también en la contraposición social de opresión y liberación en Latinoamérica y en el mundo. De todas formas, una concepción fundamentalmente antagónica del drama de la historia solo puede hacerse plausible desde un trasfondo estrictamente teológico. Solo una realidad trascendente constituye la historia desde su inicio y desde su fin. Por tanto, ella sitúa la historia en un ámbito de referencia protológico y escatológico. Y solo donde se concibe al hombre como persona con vistas a una responsabilidad absoluta frente a Dios, origen y fin de toda historia, existe también el hombre como actor interviniente en la historia. En efecto, el hombre solo se toma en serio como actor en su responsabilidad si, en virtud de la libre aceptación de la gracia, se une al curso objetivo de la historia o si, por el contrario, a través de la negación, equivoca el fin de la historia y, con ello, pierde la plenificación del hombre en Dios.

Por tanto, no habría que poner a la teología de la liberación de forma global bajo sospecha de marxismo, sino más bien examinar el marxismo respecto de la asunción y secularización de convicciones fundamentales de la teología cristiana de la historia y de la escatología. En qué medida es posible, en tal redescubrimiento de ideas originalmente cristianas, evitar el recurso a un vocabulario afectado por una carga marxista, es una pregunta que merecería una discusión aparte. En cualquier caso, la teología de la liberación se distingue de manera fundamental del marxismo por su punto de partida en una antropología teológica. La teología de la liberación es, justamente, teología, una teología que, sin embargo, para el desarrollo del tema teológico se sirve de las ciencias: de la sociología, de la politología y de la economía.

La sospecha de una esperanza de salvación de índole horizontal e intramundana habría que comentarla especialmente con respecto a la comprensión de la historia. En efecto, existe la opinión de que la teología de la liberación asume, en la práctica, la meta de un paraíso intramundano en la tierra. Tiene razón la teología de la liberación cuando se manifiesta en contra de un dualismo entre una salvación futura y del más allá por un lado, y bienestar en el más acá por el otro. Pero, ¿tiende, como se le imputa, a un monismo en el que se equiparan de forma indiferenciada historia profana e historia salvífica, actuar humano y gracia divina? Si el bienestar terreno (alimento, vestido, vivienda, educación, justicia y liberación) es idéntico a la salvación eterna, y la historia es el lugar de su identidad, entonces dicho monismo desemboca bien en una inmanentización de la esperanza de salvación, o bien en una reivindicación teocrático-totalitaria de los promotores del proceso político-social. Para comprender de forma correcta la teología de la liberación en este punto sería útil arrojar una mirada a la *nouvelle théologie* de los años cincuenta en Francia (donde estudió Gustavo Gutiérrez) y la discusión sobre la teología de la gracia en Alemania (Karl Rahner). Se quería ir más allá de la doble determinación de la meta del ser humano. No existe, como suponía la neoescolástica, por un lado una perfección inmanente del hombre y, desvinculada de ella, una perfección sobrenatural y trascendente que, en sí, nada tiene que ver con la naturaleza humana y que es añadida simplemente por Dios desde fuera. Con esta teoría de la gracia como mero *superadditum* a la naturaleza se quería asegurar la libertad y gratuidad de la gracia frente a una eventual reivindicación de la naturaleza. Pero si, como lo hace Tomás de Aquino, se parte de la meta única del ser humano *(desiderium naturale ad videndum Deum)*, con lo cual la naturaleza, creada por Dios en ordenamiento hacia Dios, solo halla su perfección en Dios, entonces solo existe una única salvación en su dimensión trascendente a la vez que inmanente. No obstante, el bienestar terreno y la salvación eterna no se identifican de forma indiferenciada. La salvación eterna es Dios mismo, que se comunica a los hombres, en el presente en la vida de la fe y de forma plena en la visión de Dios. Los bienes terrenos (libertad, dignidad humana, justicia, superación del hambre y la penuria) son signos, actualizaciones y realizaciones de la única salvación en el camino histórico del hombre y de la humanidad hacia el *eschaton*. Por tanto, no hay una pura separación ni una lisa y llana identificación de bienestar terreno y salvación eterna. Se trata de una unidad diferenciada de dos aspectos que forman un conjunto, que se relacionan dinámicamente en el campo histórico y escatológico y se iluminan mutuamente. Esto se pone de manifiesto también en la relación entre historia profana e historia de la salvación. La historia universal no es, por cierto, simplemente la autoobjetivación de Dios (como en Hegel). La historia universal es ante todo el campo general de la lucha dramática de las fuerzas dialécticas de gracia y liberación por un lado y pecado y opresión por el otro. Pero, en su núcleo más íntimo, la historia universal es, a pesar de todo, historia de salvación, porque Dios como Creador y Redentor del mundo y del hombre se ha puesto a sí mismo como la meta objetiva del movimiento de la historia y de la actividad liberadora del hombre. Por eso, quien toma partido por la liberación se encuentra del lado del liberador divino. En la praxis se trata de una participación transformadora en el proceso histórico hacia su meta trascendente e inmanente. Quien actúa en el sentido de la liberación se encuentra ya del lado de Dios, sea que lo sepa reflexivamente o no. Con él puede trabajar expresamente el creyente cristiano aunque no pueda orar, confesar la fe y celebrar la eucaristía junto con él puesto que le falta todavía la relación personal con Dios en Cristo que se expresa en la profesión de fe y en la participación en la liturgia. En cambio, con una persona que se dice cristiana pero que actúa contra la liberación y, de ese modo, contra el amor de Dios, el cristiano no solo no puede trabajar en común, sino que tampoco puede confesar en común la fe ni celebrar la eucaristía, porque la exclusión de la eucaristía se produce no solamente en virtud del pecado grave *per legem,* sino también en virtud del pecado por el contenido y el sentido, puesto que la eucaristía es celebración de gracia y liberación. No obstante, esto no tiene nada que ver con una eucaristía de clases, como se ha acusado. No se trata de la exclusión del cristiano que, casualmente, pertenece a otro estrato social, sino del explotador y opresor activo y consciente. Este es excomulgado en el sentido clásico de la palabra. La Iglesia lo distancia de su comunidad para que se convierta y, como signo de su conversión, sea reconciliado nuevamente con la Iglesia, hecho que se expresa en la celebración común de la eucaristía.

Así pues, la teología de la liberación en su conjunto puede entenderse como una *nouvelle théologie* (Henri de Lubac) volcada hacia lo social o como una teología de la gracia (como la que desarrollara Karl Rahner) aplicada como teología histórico-social.

Sobre este trasfondo pueden resolverse también las preguntas y objeciones que se le formulan. Al mismo tiempo, se puede señalar asimismo el arraigo de la teología de la liberación original en la revelación bíblica y en la gran tradición teológica y magisterial de la Iglesia. Aunque en la elaboración y reflexión particular de sus fundamentos se encuentre todavía en un estadio de desarrollo, las debilidades e inconsistencias de algunos de sus representantes en tomas de posición que han tenido gran repercusión en los medios no pueden cuestionar sus grandes percepciones. Tanto desde las necesidades de la vida eclesial como desde la teología hay que decir que la Iglesia en el Tercer Mundo, pero también la Iglesia como Iglesia universal no puede renunciar a una prosecución y aplicación de la teología de la liberación. Solo a través de la teología de la liberación la teología católica ha podido desprenderse a nivel mundial y con repercusión histórica del dilema dualista del más allá y el más acá, de bienestar terreno y salvación en el más allá o bien de una disolución monista de un aspecto en el otro, un dilema que el marxismo no suscitó sino solo expresó. En especial por ese motivo habría que ver la teología de la liberación también como una alternativa radical a la imagen marxista del hombre y a la utopía histórica que surge de tal imagen. Justamente la exigencia metódica de la teología de la liberación de partir de una praxis transformadora no es otra cosa que una reformulación del acontecer originario de la teología sin más. Primero viene el seguimiento de Cristo, y de allí viene después la formulación de la profesión de fe acerca de quién es verdaderamente Jesús.

Aunque coyunturalmente la teología de la liberación haya perdido interés en la opinión pública, desde la perspectiva de los problemas objetivos pendientes de solución ella hace una aportación imprescindible al servicio de transformación, de reflexión y de atención pastoral de la Iglesia de Cristo a la humanidad. Tanto en el contexto regional como para la comunicación teológica a nivel mundial es imposible dejar de lado la teología de la liberación.

5
¿Dónde dormirán los pobres?[1]

Gustavo Gutiérrez

Una serie de acontecimientos de los últimos años (económicos, políticos, culturales y eclesiales) han dibujado, a un ritmo sorprendente, una situación muy nueva. Cambio de época se le ha llamado, aunque no tengamos todavía la distancia histórica necesaria para calificarla de forma definitiva. Pero no hay duda sobre lo inédito del presente estado de cosas.

Se trata de una situación que lleva a repensar muchas cosas. Un buen número de análisis y de propuestas enunciadas en años recientes han perdido vigencia, numerosas discusiones y precisiones de ese tiempo no responden plenamente a los retos actuales. Ignorar estos cambios significaría encerrarse en el pasado, vivir de nostalgias y condenarse a vivir de espaldas a las personas de hoy[2]. No se trata de un frívolo estar «al día», sino de una cuestión de seriedad en relación a la solidaridad y atención que debemos a los otros. Además, para un cristiano, significa estar abierto a lo que el Señor quiere decirnos a través de

---

[1] Publicado en AA.VV., *El rostro de Dios en la historia*, PUCP-IBC-CEP, Lima 1996, 9-69.

[2] Para una presentación global y un análisis de este tiempo cf E. HOBSBAWM, *Towards the Millennium*, en ID, *Age of extremes*, Abacus, Londres 1994, 558-585. Para el autor el siglo XXI comenzó ya en 1992.

acontecimientos históricos que deben ser leídos y discernidos, en la línea de Juan XXIII y del Concilio, como signos de los tiempos.

Se impone hacer una lectura de los rasgos que van configurando esta época. Ello implica apertura y disposición para escuchar. A la vez, y en función de la tarea de anuncio del reino de Dios y del discurso sobre la fe, es necesario examinar la nueva situación desde el Evangelio. Lo haremos en forma muy concreta a partir de la opción preferencial por el pobre. Cuestión medular en la teología de la liberación.

Un breve pasaje del libro del Éxodo nos puede iluminar en este propósito. Entre las prescripciones que Moisés recibe de Yavé para ser transmitidas a su pueblo se formula, en términos sencillos y expresivos, la de preocuparse por dónde dormirán aquellos que no tienen con qué cubrirse (cf Éx 22,26). El texto nos invita a hacer una pregunta que ayuda a ver lo que está en juego en el momento actual: ¿dónde van a dormir los pobres en el mundo que se prepara y que, en cierto modo, ha dado ya sus primeros pasos? ¿Qué será de los preferidos de Dios en el tiempo que viene?

En el mundo de la revolución tecnológica y de la informática, de la «globalización» de la economía, del neoliberalismo y del pretendido posmodernismo, ¿hay cabida para los que hoy son pobres y marginados y buscan liberarse de una condición inhumana que pisotea su condición de personas e hijos de Dios?, ¿qué papel tienen el Evangelio y la fe de los pobres en un tiempo alérgico a las certezas y a la solidaridad humana?, ¿qué significa hoy hacer la opción preferencial por los pobres en tanto que camino hacia una liberación integral? Solo nos será posible, claro está, iniciar un intento de respuesta ante los desafíos del presente.

Teología y anuncio del Evangelio

La fe es una gracia. Acoger ese don es colocarse tras los pasos de Jesús, poniendo en práctica sus enseñanzas y continuando su proclamación del Reino. En el punto de partida de toda teología está el acto de fe. Pensar la fe es algo que surge espontáneamente en el creyente, reflexión motivada por la voluntad de hacer más honda y más fiel su vida de fe. Pero esta no es asunto puramente individual, la fe se vive siempre en comunidad. Ambas dimensiones, la personal y la comunitaria, marcan tanto la vivencia de la fe como la inteligencia de ella.

La tarea teológica es una vocación que se suscita y se ejerce en el seno de la comunidad eclesial. Ella está al servicio de la misión evangelizadora de la Iglesia. Esa ubicación y esta finalidad le dan su sentido y dibujan sus alcances[3]. La teología es un hablar acerca de Dios animado por la fe; Dios es, en verdad, el primer y el último tema del lenguaje teológico[4]. Muchos otros puntos pueden ser tocados por él, pero esto no ocurre sino en la medida en que ellos dicen relación con Dios.

La aproximación teológica es siempre insuficiente. Es necesario estar dispuestos a tomar nuevos caminos, afinar nociones, modificar el modo de avecinarse a los problemas. De ahí la diversidad, dentro de la unidad de la fe de la Iglesia, de los acercamientos a la Palabra revelada a lo largo de la historia. En efecto, la fe no puede ser identificada con una u otra teología, según reza una afirmación tradicional. Los diferentes esfuerzos de inteligencia de la

---

[3] Cf G. GUTIÉRREZ, *Teología. Una función eclesial*, Páginas 130 (diciembre de 1994) 10-17.

[4] Tomás de Aquino lo recordó con fuerza y lucidez, cf *Summa theologiae* I q. 1, a. 7.

fe son útiles y fecundos, pero a condición de que ninguno de ellos se presente como el único válido. El sentido y el alcance de esas reflexiones demandan una clara conciencia de la modesta asistencia que ellas prestan a las tareas primeras de la Iglesia.

La reflexión teológica se halla en primer lugar, como queda dicho, al servicio de la vida cristiana y de la misión evangelizadora de la comunidad eclesial; y, a través de ello, constituye también un servicio a la humanidad. Presente en el mundo, la Iglesia debe proclamar con un lenguaje asequible e interpelante, tanto la presencia actuante del reino de Dios en el hoy del devenir histórico, como su llegada futura y plena. Esta perspectiva es uno de los ejes del concilio Vaticano II. La adquisición de un lenguaje de cada pueblo (cf *Gaudium et spes,* 44). En ese cometido, el compromiso de los cristianos y la reflexión teológica juegan un papel capital.

Evangelizar es anunciar con obras y palabras la salvación en Cristo. Habiendo vencido en la raíz las fuerzas del pecado que dominan al «hombre viejo», a través de su entrega hasta la muerte y de su Resurrección por el Padre, el Hijo de Dios hecho carne allana el camino del «hombre nuevo» a fin de que dé cumplimiento a su vocación de comunión con Dios en el «cara a cara» paulino (1Cor 13).

Pero precisamente porque esa liberación del pecado va al corazón mismo de la existencia humana, allí donde la libertad de cada uno acepta o rechaza –en última instancia– el amor gratuito y redentor de Dios, nada escapa a la acción salvífica de Jesucristo. Esta alcanza, y pone su impronta en ellas, todas las dimensiones humanas, personales y sociales.

Las teologías llevan necesariamente la marca del tiempo y del contexto eclesial en que nacen. Viven mientras siga vigente lo sustantivo de las condiciones en las que nacieron[5]. Naturalmente las grandes teologías superan, de alguna manera, esas fronteras, cronológicas y culturales; aquellas de menor envergadura –por significativas que hayan podido ser en su momento– estarán más sujetas al tiempo y a las circunstancias. Nos referimos, por cierto, a las modalidades particulares de una teología (estímulos inmediatos, instrumentos de análisis, nociones filosóficas, y otras), no a las afirmaciones fundamentales que conciernen las verdades reveladas. La historia de la teología ilustra con claridad lo que acabamos de señalar.

De otro lado, se debe observar que toda reflexión teológica, aun con sus límites y deficiencias, sus pasiones e intentos inconclusos, entra en diálogo con otros ensayos de inteligencia de la fe. Lo propio de una teología es ayudar a esclarecer la conciencia del creyente en orden a su encuentro con Dios y a lo que implica la Buena Nueva para la comunidad cristiana y para el mundo. Cada una lo hace con sus recursos y sus límites, se enriquece con el aporte de otras teologías y contribuye a ellas. Lo más importante para un discurso sobre la fe no es durar, y menos aún, perdurar, sino llevar sus aguas a ríos más anchos y caudalosos, a la vida del conjunto de la Iglesia.

Por todo ello, deben interesarnos los sufrimientos y las angustias, las alegrías y las esperanzas de las personas de hoy, así como la situación actual de la tarea evangelizadora de la Iglesia, más que el presente y el futuro de una teología.

---

[5] Se habla a veces de teologías contextuales como un tipo especial de inteligencia de la fe. Depende de lo que quiera decirse, porque en cierto modo toda teología es contextual, sin que esto ponga en cuestión lo permanente de ese esfuerzo.

En la perspectiva de la teología de la liberación

Como es natural, todo lo dicho sobre la función del discurso sobre la fe en general vale para un esfuerzo determinado. Es el caso de la teología de la liberación. Como toda inteligencia de la fe, ella nace en un lugar y un momento precisos buscando responder a situaciones históricas, móviles por naturaleza, que desafían y, a la vez, abren nuevas rutas a la tarea evangelizadora de la Iglesia. La teología es, por eso, permanente, en tanto esfuerzo de comprensión exigido por el don de la fe, y simultáneamente, es cambiante en cuanto responde a interpelaciones concretas y a un mundo cultural dado.

Un criterio evangélico

Como es bien sabido, desde sus inicios la teología de la liberación, que nació de una intensa preocupación pastoral, ha estado ligada a la vida de la Iglesia, a sus documentos, a su celebración comunitaria, a su inquietud evangelizadora y a su compromiso liberador con la sociedad latinoamericana, en particular con los más pobres de sus miembros. Las conferencias episcopales latinoamericanas de estas décadas (Medellín, Puebla, Santo Domingo), numerosos textos de episcopados nacionales y otros documentos refrendan este aserto, incluso cuando nos invitan a un discernimiento crítico ante aseveraciones infundadas y posiciones que algunos pretendían deducir de esta perspectiva teológica.

En la línea del tema que nos hemos propuesto abordar en estas páginas, quisiéramos poner el acento en algunos aspectos del aporte de la vida y la reflexión de la Iglesia presente en América Latina en vistas al tiempo que viene.

Su contribución fundamental, nos parece, gira alrededor de la llamada opción preferencial por el pobre. Ella ordena, ahonda y, eventualmente, corrige muchos compromisos asumidos en estos años, así como las reflexiones teológicas vinculadas a ellos. La opción por el pobre es radicalmente evangélica, constituye por ello un criterio importante para operar una criba en los precipitados acontecimientos y en las corrientes de pensamiento de nuestros días.

La propuesta de Juan XXIII acerca de «la Iglesia de todos y en especial la Iglesia de los pobres»[6] encontró en América Latina y el Caribe una tierra fértil. El nuestro es el único continente mayoritariamente pobre y cristiano a la vez. La presencia de una masiva e inhumana pobreza condujo a preguntarse por la significación bíblica de la pobreza. Hacia mediados de la década de los 60 se formula en el campo teológico la distinción entre tres acepciones del término pobre: a) La pobreza *real* (llamada con frecuencia, material) como un estado escandaloso, no deseado por Dios; b) La pobreza *espiritual,* como infancia espiritual, una expresión de la cual –no la única– es el desprendimiento frente a los bienes de este mundo; c) la pobreza como *compromiso:* solidaridad con el pobre y protesta contra la pobreza.

Medellín recogió con autoridad esta distinción (Pobreza, 4), ella adquirió así un enorme alcance en el ámbito de la Iglesia latinoamericana y más allá de él. Este enfoque inspiró el compromiso y la reflexión de muchas comunidades cristianas y se convierte en el fundamento de lo que

---

6 Alocución radiada del 11 de septiembre de 1962.

en la cercanía de Puebla y en los textos de esa conferencia episcopal será dicho con la frase: *opción preferencial por los pobres*. Efectivamente, en los tres términos de esta expresión encontramos, una a una, las tres nociones distinguidas en Medellín. Más tarde, la conferencia de Santo Domingo reafirmará esta opción en la cual debemos inspirarnos «para toda acción evangelizadora comunitaria y personal» (n. 178).

Dicha opción retoma y recuerda una penetrante línea bíblica que de una manera u otra estuvo siempre presente en el mundo cristiano[7]. Al mismo tiempo, la formulación presente le da nueva vigencia en las circunstancias actuales, ella ha hecho su camino y se encuentra en el magisterio eclesiástico universal. Juan Pablo II se ha referido a ella en numerosas ocasiones, mencionemos solo dos. En la *Centesimus annus*, afirma que «releyendo» la *Rerum novarum*, a la luz de realidades contemporáneas, se puede observar que ella es «un testimonio excelente de la continuidad, dentro de la Iglesia, de lo que ahora se llama opción preferencial por los pobres» (n. 11)[8]. Y en la carta *Tertio millennio adveniente*, de especial interés para nuestro asunto, recordando que Jesús vino a evangelizar a los pobres (en referencia a Mt 11,5 y Lc 7,22), se pregunta: «¿Cómo no subrayar más decididamente la opción preferencial de la Iglesia por los pobres y los marginados?» (n. 51).

---

[7] Cf por ejemplo, en el caso de las Iglesias metodistas, T. W. JENNINGS, *Good News to the Poor. John Wesley's Evangelical Economics*, Abingdon Press, Nashville 1990.

[8] El texto continúa: «Opción que en la *Sollicitudo rei socialis* es definida como una "forma especial de primacía en el ejercicio de la caridad cristiana" (n. 42) (*Centesimus annus*, 11). Para la presencia de la opción por el pobre en el magisterio social de la Iglesia cf D. DORR, *Option for the poor. A Hundred Years of Vatican Social Teaching*, Gill and MacMillan-Orbis Books, Dublín-Nueva York 1983.

Preferencia y gratuidad

La temática de la pobreza y la marginación nos invita a hablar de justicia y a tener presente los deberes del cristiano al respecto. Así es en verdad, y ese enfoque es sin duda fecundo. Pero no hay que perder de vista lo que hace que la opción preferencial por los pobres sea una perspectiva tan central. En la raíz de esa opción está la gratuidad del amor de Dios. Este es el fundamento último de la preferencia[9].

El término mismo de preferencia rechaza toda exclusividad y busca subrayar quiénes deben ser los primeros –no los únicos– en nuestra solidaridad. Es tópico frecuente en nuestra reflexión teológica, comentando el sentido de la preferencia, decir que el gran desafío viene de la necesidad de mantener al mismo tiempo la universalidad del amor de Dios y su predilección por los últimos de la historia. Quedarse solamente con uno de estos extremos es mutilar el mensaje evangélico.

En última instancia, la opción por el pobre es, importa subrayarlo, una opción por el Dios del Reino que nos anuncia Jesús. La razón definitiva del compromiso con los pobres y oprimidos no está, en consecuencia, en el análisis social que empleamos, tampoco en la experiencia directa que podamos tener de la pobreza, o en nuestra compasión humana. Todos ellos son motivos válidos que tienen sin duda un papel significativo en nuestras vidas y solidaridades. Sin embargo, en tanto que cristianos ese compromiso se basa fundamentalmente en la fe en el Dios de Jesucristo. Es una *opción teocéntrica* y profética que hunde

[9] Por esta razón, y por las que serán recordadas en las líneas siguientes, el término «preferencia» tiene una función clave en la frase que comentamos.

sus raíces en la gratuidad del amor de Dios y es requerida por ella. Y no hay nada más exigente, lo sabemos, que la gratuidad (cf Flm 21).

El pobre debe ser preferido no porque sea necesariamente mejor que otros desde el punto de vista moral o religioso, sino porque Dios es Dios. Toda la Biblia está marcada por el amor de predilección de Dios por los débiles y maltratados de la historia humana. Nos lo revelan agudamente las bienaventuranzas evangélicas, ellas nos dicen que la preferencia por los pobres, hambrientos y sufrientes tiene su fundamento en la bondad gratuita del Señor[10]. La opción preferencial por el pobre no es, por eso, solo una pauta pastoral y una perspectiva de reflexión teológica, ella es también, y en primer lugar, una andadura espiritual, en el sentido fuerte de la expresión. Un itinerario en el encuentro con Dios y con la gratuidad de su amor, un caminar «en presencia del Señor por el país de la vida» (Sal 116,9). Si no se va hasta este nivel de espiritualidad, del seguimiento de Jesús; es decir, hasta el corazón de la vida cristiana, no se percibe el alcance y la fecundidad de dicha opción.

Un filósofo de honda raigambre bíblica (y talmúdica) ha desarrollado un pensamiento, más concretamente una ética (para él, la filosofía primera), de la alteridad que puede iluminar nuestras consideraciones. Aludimos a E. Lévinas[11]. «La Biblia –nos dice– es la prioridad del otro en relación con el yo». Lo que vale para toda persona se hace aun más radical tratándose del pobre, «en el otro –continúa– yo veo siempre a la viuda y al huérfano. Siempre

---

[10] Punto precisado con toda la claridad deseada por J. DUPONT, *Les Béatitudes* (3 vols.), Gabalda, París 1964-1969. En la misma línea ver J. SCHLOSSER, *Le Règne de Dieu dans les dits de Jésus*, Gabalda, París 1980.

[11] En esta perspectiva de la alteridad, y en relación con la parábola del buen samaritano, citábamos a Lévinas en *Teología de la liberación*, Cep, Lima 1971 y 1988², 251 y 309 respectivamente.

el otro pasa antes que yo»[12]. La viuda, el huérfano y el extranjero constituyen la trilogía que en la Biblia designa al pobre. Que el otro pase antes es algo que pertenece a su condición de otro, ello debe ser así aun cuando ese otro me ignore o me mire con indiferencia. No se trata de una cuestión de reciprocidad, estamos ante un primado del otro, que da lugar a aquello que nuestro autor llama «la disimetría de la relación interpersonal»[13] o la «asimetría ética». Teológicamente diríamos que si el otro y, de modo muy exigente, el pobre debe pasar antes es por gratuidad, porque es necesario amar como Dios ama. Dar no como retribución por lo que se ha recibido, sino porque se ama. «Dios nos amó primero», nos dice Juan (1Jn 4,19). Ser cristiano es responder a esa iniciativa.

Ética exigente, qué duda cabe. La relación con el otro adquiere además para el cristiano mayor profundidad cuando se tiene en cuenta la fe en la Encarnación y se está atento a sus reverberaciones[14]. La Biblia enfatiza el lazo entre el amor a Dios y el amor al prójimo, maltratar al pobre es ofender a Dios, nos dice de modos diversos. Esa línea de fuerza se afirma en los evangelios y culmina con el texto mateano del juicio último (25,31-46). El gesto al pobre es un acto dirigido a Cristo mismo. Como se dice en Puebla, en los «rostros muy concretos» de los pobres debemos «reconocer los rasgos sufrientes de Cristo, el Señor, que nos cuestiona e interpela» (n. 31)[15]. La vida cristiana se mueve entre la gracia y la exigencia.

---

[12] *De Dieu qui vient à l'idée*, Vrin, París 1982, 145.

[13] Ib.

[14] Estamos aquí en un plano distinto al estrictamente filosófico. Lévinas trabaja de forma profunda la interpelación que nos viene del «rostro del otro» (cf *Totalité e infini*, M. Nighoff, La Haya 1961, 168-194); pero, como es natural, no la relaciona con la encarnación del Hijo de Dios, que está fuera de su horizonte.

[15] Texto retomado y profundizado en Santo Domingo, 178-179.

Esta percepción, hondamente bíblica, mantiene con claridad la distinción entre Dios y el ser humano, pero no los separa. El compromiso con el pobre no se limita al espacio social, él está presente evidentemente, pero dicha solidaridad encierra también, y como algo primordial, un contenido profundamente espiritual y un fundamento cristológico. Tiene una relación estrecha e indisoluble con las verdades basilares de nuestra fe. Solo en ese telón de fondo se aprecia el significado de la opción preferencial por el pobre. Así la han vivido y la viven muchos cristianos en América Latina. Por eso resulta un criterio capital y fecundo para comprender, desde la fe, los tiempos que corren[16].

Hacia una economía planetaria

Un tema frecuente de este tiempo es la llamada «globalización» de la economía. El camino hacia un mundo; en cierta manera, uno fue tomado por la humanidad en los últimos siglos, pero hoy ese rasgo se acentúa.

Un siglo fascinante y cruel

Hace poco Enrique Iglesias, presidente del Banco Interamericano de desarrollo (BID), decía que el siglo venidero será «un siglo fascinante y cruel». Como todas las frases algo paradójicas, esta nos resulta cuestionante y atractiva.

---

[16] J. C. Scannone ha hecho ver la fecundidad de este punto de vista en el trabajo filosófico, cf *La irrupción del pobre y la pregunta filosófica en América Latina,* en ID, *Irrupción del pobre y quehacer filosófico,* Bonum, Buenos Aires 1993, 123-140.

No obstante, si nos damos el trabajo de leerla más de cerca, ella nos revela la trágica realidad que expresa.

Se ha abierto, en efecto, gracias al extraordinario desarrollo de la ciencia y la técnica, una época fascinante. Con una posibilidad de comunicación (o al menos de información) entre las personas como nunca había conocido la humanidad y con una capacidad de dominio de la naturaleza que supera los linderos de nuestro planeta y hace realidad lo que hasta hace poco parecía ciencia ficción. A ello se suma una oportunidad de consumo ilimitado y también, desgraciadamente, un potencial de destrucción que puede alcanzar a todo el género humano. Como seres humanos y como creyentes no podemos sino valorar y admirar esos avances, pese a los nubarrones que se divisan también en el horizonte.

No obstante, hoy en concreto, el tiempo que viene será fascinante para las personas que poseen un cierto nivel social y participan en los niveles más altos del conocimiento tecnológico. Quienes tienen esa posibilidad tienden a formar un estamento humano internacional, cerrado sobre él mismo, olvidadizo de aquellos –incluso pertenecientes al mismo país– que no forman parte de su club.

Estos últimos son los pobres. A ellos se aplica principalmente el segundo adjetivo de la frase. El siglo próximo será cruel, efectivamente, para los «insignificantes» de la historia. Su pobreza y su marginación –si no hacemos un inmenso esfuerzo de solidaridad– aumentará, habrá una mayor miseria y serán más numerosos los que vivan en ella, como lo demuestran todos los índices de los organismos internacionales al respecto.

En otras palabras, el futuro inmediato no será, en verdad, fascinante y cruel para las mismas personas. Esto hace más apremiante el desafío que presenta nuestro tiempo, y mayor la interpelación a la fe en el Dios de Jesucristo que ama a todos y llama a proteger a los más pequeños.

Un mercado sin condiciones

Vivimos en una época cada vez más dominada por la economía liberal, o neoliberal si se prefiere. El mercado sin restricciones, llamado a regularse por sus propias fuerzas, pasa a ser el principio, casi absoluto, de la vida económica. El célebre y clásico «dejar hacer», de los inicios de la economía liberal, postula hoy en forma universal –en teoría al menos– que toda intervención del poder político para regular el mercado e, incluso, para atender a necesidades sociales, va en detrimento del crecimiento económico y redunda en daño de todos. Por ello, si se presentan dificultades en la marcha económica, la única solución es más mercado.

Después de algunos avatares[17], la ola liberal ha retoma-

[17] El «capitalismo salvaje» de los primeros tiempos provocó la reacción de los trabajadores, «justificada desde el punto de vista de la moral social» *(Laborem exercens*, 8), que se organizaron para defender sus derechos. Fue duramente criticado, por su carácter despiadado, en nombre de principios y realidades humanas y religiosas que colocaban el valor de la persona humana en el centro de la economía (cf enseñanza social de la Iglesia). Sufrió también el acoso de los movimientos socialistas, que buscaban orientar ideológicamente a las organizaciones obreras. Y enfrentó más mal que bien la gran crisis de 1929. Uno de los resultados de estas situaciones y debates fue lo que se conoce como el Estado de bienestar social, que intentó paliar algunos de los mayores problemas de la aplicación del liberalismo económico, pero que nunca llegó a instalarse realmente en los países pobres. Los grandes economistas neoliberales (Hayek, Friedman y otros) sometieron a su vez a una enérgica crítica al Estado de bienestar, que había comenzado a experimentar dificultades de orden económico (cf el fino análisis de esas críticas que hace A. HIRSCHMAN, *The Rhetoric of Reaction*, The Belkap Press, Cambridge [Massachusetts] 1991). Estamos actualmente, y esto tiene especiales consecuencias para las naciones pobres, ante un regreso a los postulados iniciales del capitalismo, con la fuerza de las dimensiones universales que ha adquirido.

do impulso en el último tiempo y crece sin limitaciones. Las grandes empresas transnacionales (el elemento dominante en el presente orden económico) y los países ricos presionan a los más pobres para que abran sus mercados, privaticen sus economías y lleven a cabo lo que se designa como ajustes estructurales. Los organismos internacionales (Banco Mundial, Fondo Monetario Internacional) han sido eficaces agentes en esta integración de las economías débiles a un mercado único. La conciencia de la interdependencia en cuanto tal puede tener mucho de positivo, pero la forma que ella reviste actualmente es de una asimetría que subraya las injustas desigualdades existentes[18]. El elemento principal en la globalización de la economía es el capital financiero que navega por el mundo atravesando fronteras, con una movilidad increíble, en pos de nuevas y mejores ganancias. Las economías nacionales –incluso las de los grandes países– se desdibujan[19].

Un aspecto de esta globalización, y de los más dolorosos y acuciantes para los países pobres, es el de la deuda externa que mantiene sujetas y agobiadas a las naciones deudoras. Si este asunto no recibe pronto una solución apropiada, pocas posibilidades hay de que los países pobres puedan salir de la situación en que se encuentran actualmente[20].

Diversos factores han intervenido en el proceso que ha

---

[18] La situación es de tal modo evidente que, pese a su defensa del mercado, el propio director-gerente del Fondo Monetario Internacional reconoce que no se puede «ignorar el potencial aplastamiento de los débiles y desatendidos» que resulta de la competencia del mercado en las circunstancias del mundo hoy (M. CAMDESSUS, *Economía, ¿para qué futuro?*, La cuestión social 1 [año 4, marzo-mayo de 1996] 67).

[19] Sobre este asunto de economías nacionales y economía global, ver R. B. REICH, *The Work of Nations*, Vintage Books, Nueva York 1992.

[20] Cf J. IGUÍÑIZ, *Deuda externa* en *América Latina. Exigencias éticas desde la Doctrina Social de la Iglesia*, CEP, IBC, Lima 1995.

llevado a ese resultado. Mencionemos dos. Sin duda, en el nivel político, ha sido gravitante el derrumbe del socialismo autoritario, en Rusia y en los países del Este, que se negó a ver la complejidad de las dimensiones humanas y violó sistemáticamente el derecho a la libertad[21]. De un mundo bipolar hemos transitado a otro unipolar, más en lo político y militar que en lo económico a decir verdad. El otro factor, de más largo aliento, es el papel que ha adquirido el conocimiento tecnológico (nuevos materiales, nuevas fuentes de energía, biotecnología), una de cuyas vertientes más dinámicas es la informática[22]. El asunto ha traído notables cambios en el proceso de producción. Se hace, además, cada vez más claro que hoy el conocimiento ha devenido en el más importante eje de acumulación en la actividad económica. Los avances en este campo han permitido pisar el acelerador de la ya desenfrenada explotación –y depredación– de los recursos naturales del planeta que son un patrimonio común de la humanidad. Ello ha hecho ver la gravedad de la cuestión ecológica en nuestros días.

Con sus logros y violencias, sus progresos y crueldades, sus posibilidades y olvidos, el panorama de la economía y del tejido social contemporáneos ha cambiado en estos últimos años con rapidez vertiginosa, como no lo había hecho en siglos. La nueva situación apela a una reno-

---

[21] Este hecho abrió un nuevo espacio a nivel internacional, pero en él no han quedado automáticamente eliminadas «las situaciones de injusticia y opresión existentes» (*Centesimus annus*, 26, ver también 42).

[22] Se ha hablado al respecto de una tercera onda revolucionaria en la historia de la humanidad. Tema popularizado por las obras de A. y H. Toffler. Cf asimismo T. SAKAIYA, *Historia del futuro. La sociedad del conocimiento*, Editorial Andrés Bello, Santiago de Chile 1994. Trabajos de tono más bien optimista, menos atentos tal vez al reverso actual de esta revolución del conocimiento para los sectores más pobres de la población mundial.

vación de métodos de análisis que permitan dar cuenta de la multiplicidad de factores en juego en el entramado social y económico de nuestro tiempo[23]. Pero ella nos llama también a considerarla desde una ética cristiana y una reflexión teológica en vistas a un discernimiento necesario.

Ética y economía

¿Tiene la ética, y muy concretamente la ética cristiana, algo que decir al mundo de la economía?

La pregunta no habría tenido sentido el siglo XVI. Sorprendidos los teólogos moralistas de la época (Francisco de Vitoria entre ellos), que se ocuparon de los asuntos que planteaba el capitalismo naciente (capitalismo mercantil se le ha llamado a veces), solo atinarían a decir que la respuesta es obviamente afirmativa. Todavía en los clásicos de la economía del siglo XVIII encontramos preocupaciones de orden filosófico y ético en el nuevo campo en que incursionan.

Pero poco a poco la disciplina naciente tiende a conformarse al modelo y a la racionalidad de las ciencias naturales y empieza a reivindicar su autonomía respecto de

[23] La teoría de la dependencia (más un talante en realidad que una teoría sistemática), presente en los inicios de la teología de la liberación en el capítulo correspondiente al análisis de la realidad socioeconómica, pese a sus indudables aportes en los años 60 y 70, resulta hoy una herramienta corta para explicar los nuevos hechos, las nuevas formas de dependencia y para abarcar la enorme complejidad del actual estado de cosas (cf el estudio de C. KAY, *Latinoamerican theories of development and underdevelopment*, Routledge, Londres-Nueva York 1989). Pero una cosa es el *hecho* de la dependencia, que en muchos aspectos se ha acrecentado, y otra la *teoría* que interpretó en un momento dado esa realidad. Lo propio de un conocimiento que busca ser riguroso, incluso en terrenos arenosos como el social, es estar abierto a nuevas hipótesis y posibilidades.

la política. Pretende incluso substituirla, después de todo en el terreno económico, se piensa, es dónde se juega lo decisivo para la vida en sociedad. Si tenemos en cuenta la situación del mundo político acerca de este asunto, debemos convenir en que así es a los ojos de la mayoría de los ciudadanos. La política se convierte cada vez más en un escenario en el que suceden cosas sin trascendencia. De allí su creciente desprestigio en el mundo de hoy, incluidos América Latina y el Caribe por cierto.

Pero hay más, la economía moderna desafía las normas morales admitidas comúnmente y no solo en los círculos que podemos llamar tradicionales. La envidia, el egoísmo, la codicia se convierten en motores de la economía; la solidaridad, la preocupación por los más pobres son vistas, en cambio, como trabas al crecimiento económico y son finalmente contraproducentes para lograr una situación de bienestar de la cual todos pudieran beneficiarse un día.

Algunos perspicaces economistas de tradición liberal fueron conscientes de este trastocamiento de valores, pero lo aceptaban porque veían en él algo necesario e inevitable. Es el caso de J. M. Keynes que en un texto de 1928-1930 afirmaba con espeluznante lucidez: «Cuando la acumulación no tenga tanta importancia social (...) podremos librarnos de muchos de los principios pseudomorales que hemos tenido sobre nosotros por doscientos años (...). El amor al dinero como posesión (...) será reconocido como lo que realmente es: algo morboso y desagradable»[24].

Llegará el momento –piensa Keynes– en que nos será posible llamar a las cosas por su nombre y decir «que la avaricia es un vicio, que la práctica de la usura es un

[24] El texto continúa con términos muy duros: el amor al dinero es «una de esas inclinaciones semipatológicas que se ponen en manos de especialistas en enfermedades mentales».

delito y el amor al dinero algo detestable». Pero con una resignación desencantada e inquietante sostiene: «¡Cuidado! No estamos todavía en ese momento. Por lo menos durante unos cien años debemos fingir entre nosotros y ante todos los demás que lo justo es malo y lo malo es justo». La razón de esta inversión de valores radica en que «lo injusto es útil y lo justo no lo es. La avaricia, la usura y la precaución deben ser nuestros dioses por un poco más de tiempo. En efecto, solo ellos pueden conducirnos fuera del túnel de la necesidad económica y llevarnos a la luz del día»[25].

La cita ha sido algo extensa, y nos disculpamos por eso, pero es muy reveladora de las difíciles relaciones, por decir lo menos, entre ética y economía a juicio de uno de los grandes economistas de nuestro tiempo. No todos los pensadores liberales, si bien Keynes es reconocido como un moderado entre ellos, tienen su perspicacia y franqueza; asumen más bien sin reticencia la actitud que deriva de los requerimientos de una economía marcada por un enfoque agresivamente individualista.

El tema no es nuevo, ha sido abordado en muchas oportunidades, la gran cantidad de estudios actuales al respecto son una prueba de la importancia del tratamiento a fondo de la economía desde una perspectiva ética y teológica. Y muy concretamente a partir de la opción

---

[25] *Economic possibilities for our grandchildren*, en ID, *The collected writings. Essays in Persuasion* 9, MacMillan Press, Londres 1972³, 329, 330 y 331. Para una crítica ética y económica del liberalismo económico, ver, entre otros trabajos, N. DOUGLAS MEEKS, *God the economist. The Doctrine of God and Political Economy*, Fortress Press, Minneapolis 1989; H. ASSMANN-F. HINKELAMMERT, *A idolatria do mercado. Um ensaio sobre economia e teologia*, Vozes, Petrópolis 1989; J. DE SANTA ANA, *O amor e as paixôes. Critica teológica à economia política*, Editorial Santuario, Aparecida SP 1989; y J. MO SUNG, *Deus numa Economia sem Coraçaô*, São Paulo 1992.

preferencial por el pobre. Ciertamente debe respetarse la autonomía propia de una disciplina que intenta conocer lo más estrictamente posible el campo de la actividad económica. Muchos cruces indebidos ha habido en el pasado al respecto y es necesario aprender de esa experiencia. Pero esto no significa que la economía sea un sector absolutamente independiente de la existencia, como tampoco es el núcleo o la totalidad de ella. El movimiento económico debe ser obligadamente colocado y examinado en el contexto de la vida humana en su conjunto y a la luz de la fe. El criterio de la eficacia inmediata no es el definitivo.

La *Populorum progressio* planteó ya en 1967 la necesidad de un «desarrollo integral» (nn. 20-21). Recogiendo elementos tradicionales de la enseñanza social de la Iglesia y yendo a las fuentes bíblicas, Juan Pablo II sentó con firmeza la piedra angular de un enfoque cristiano: la primacía del ser humano respecto de las cosas, de donde deriva la prioridad del trabajo en relación al capital (cf *Laborem exercens*, passim; la idea había sido ya presentada en *Redemptor hominis* 16)[26].

Como lo hemos recordado, hoy se multiplican, y vienen de diferentes latitudes, los trabajos acerca de las pautas éticas necesarias para la actividad económica y sobre la perversión religiosa que se expresa en ciertas justificacio-

---

[26] Cf el comentario de R. ANTONCICH, *Trabajo y libertad. Reflexiones en torno a la teología de la liberación y a la encíclica sobre el trabajo humano*, Latinoamérica libros, Buenos Aires 1988, 76-95. Desde hace seis años un organismo de las Naciones Unidas (Programa de Desarrollo de las Naciones Unidas, PNUD) publica un *Informe sobre desarrollo humano* que busca «ubicar al ser humano en el centro del desarrollo» (*Informe*, 1995, 15). Principio que lleva a afirmar que el crecimiento humano es un medio necesario para el fin que es el desarrollo humano, pero que no se confunde con él. Tener en cuenta otras dimensiones humanas le permite renovar de forma seria y bien sustentada el enfoque de los países desarrollados y en vías de desarrollo, así como la estrategia para salir del subdesarrollo. Cf al respecto los conocidos trabajos del economista A. Sen.

nes de la economía centrada en las fuerzas irrestrictas del mercado. Se reconocen los valores de la libertad, la iniciativa personal, las posibilidades que abren a la humanidad los progresos técnicos e, incluso, la función que puede cumplir el mercado dentro de ciertos parámetros. Pero se denuncia de modo resuelto la lógica del mercado que avasalla personas, pueblos y culturas, tanto con su afán homogeneizador como a través de las nuevas fracturas sociales que provoca. Se cuestiona igualmente la hipocresía de un liberalismo económico que no le hace ascos a las dictaduras y totalitarismos y que desliga con facilidad la libertad económica de otras libertades[27].

Tarea importante para la reflexión teológica en este terreno es hacer ver qué «estructuras de pecado» (*Sollicitudo rei socialis,* 36) hay en el orden económico actual. Es decir, qué elementos de ruptura de la amistad con Dios están presentes en las estructuras socio-económicas que crean y mantienen injustas desigualdades entre las personas. El pecado, no alcanzable por medio de un simple análisis social es, efectivamente, para una reflexión cristiana, la raíz de toda injusticia social. Particular atención deben merecer los elementos idolátricos, alojados en el hecho, y en las justificaciones, del primado del lucro y el carácter absoluto del mercado.

En este contexto nos interesa de modo especial la cuestión de la exclusión de los más pobres, irrelevantes para el sistema económico dominante. El siguiente epígrafe está dedicado a este asunto.

---

[27] Importa anotar que en ciertos círculos cristianos y teológicos se puede encontrar también una corriente favorable a la economía liberal, en particular en Estados Unidos, que ha dado lugar a una amplia producción bibliográfica. Ver, por ejemplo, M. NOVAK, *The Spirit of Democratic Capitalism,* Simon and Schuster, Nueva York 1982.

Destinados a la insignificancia

El evangelio de Lucas nos trae una cuestionadora parábola de la que, en este momento, únicamente interesa recordar dos breves frases: «Había un hombre rico...»; «junto a su puerta estaba tendido un hombre pobre» (Lc 16,19.20).

Esta es la situación de la humanidad hoy. Las naciones pobres yacen al lado de las naciones ricas ignoradas por estas; pero hay que añadir que la brecha entre ambas es cada vez mayor. Lo mismo ocurre en el interior de cada país. La población mundial se coloca de modo creciente en los dos extremos del espectro económico y social.

De otro lado, y en forma sorpresiva, en el texto lucano el pobre tiene un nombre: Lázaro; el rico, el poderoso, por el contrario, no lo tiene. La situación actual es la inversa, los pobres son anónimos y parecen destinados a un anonimato aún mayor, nacen y mueren sin hacerse notar. Piezas desechables en una historia que escapa a sus manos y los excluye de ella.

Ya lanzados en esta relación con la parábola evangélica, podemos observar además que los pobres no están ahora solo junto a la puerta de los países ricos. Muchos pobres pugnan por entrar en ellos en busca de mejores o simplemente de otras condiciones de vida. La migración en esta escala es un asunto contemporáneo y plantea un sinnúmero de problemas en las naciones industrializadas, de los que nos dan cuenta los medios de comunicación día a día. Hay un temor y un rechazo a los inmigrantes, legales o ilegales, que toma a veces el cariz de un racismo que ha sido criticado por la Iglesia en varias oportunidades. El asunto no hará tal vez sino agravarse en el futuro.

Pobreza: desafío a la teología

La teología de la liberación nació del reto que para la fe representa la masiva e inhumana pobreza existente en América Latina y el Caribe[28]. Por eso sus primeros esbozos fueron una reflexión sobre el significado bíblico de los diferentes tipos de pobreza y una consideración, a la luz de la fe, del compromiso evangelizador de los cristianos, y de toda la Iglesia, con los pobres. Muchas preguntas y numerosos cuestionamientos pueden hacerse a desarrollos ulteriores de esta línea teológica y al análisis social utilizado para entender la realidad de la pobreza y sus causas. Pero, por el momento, en orden a nuestro tema, preguntémonos simplemente de qué manera se presenta en este tiempo la interpelación de la pobreza a la conciencia cristiana.

La primera comprobación es que el asunto se ha agravado. El informe del PNUD, de 1996, trae cifras preocupantes. La conclusión es que «el mundo está cada vez más polarizado, y la distancia que separa a los pobres de los ricos se agranda cada vez más»[29]. Algo similar ocurre den-

---

[28] «Inhumana miseria» (Medellín, Pobreza, 1), «antievangélica pobreza» (Puebla, 1159), «el más devastador y humillante flagelo que vive América Latina y el Caribe» (Santo Domingo, 179).

[29] *Informe*, 1996, p. 2. En los últimos treinta años la participación en el ingreso del 20% más pobre de la población mundial pasó de 2,3% (muy bajo ya) a un 1,4%. En contraste, la participación del 20% más rico creció de 70% a 85%, «así se duplicó la relación entre la proporción correspondiente a los más ricos y a los más pobres de 30:1 a 60:1» (l.c.). Si a esto se añade la desigualdad entre ricos y pobres en el interior de los países, la brecha entre los más ricos y los más pobres del mundo se ensancha gravemente. El informe da además un dato impresionante: los activos de las 360 personas más ricas del mundo «superan el ingreso anual de países donde vive el 45% de la población mundial» (l.c.). El informe de 1999 observa que «las más grandes fortunas del mundo poseen más que el PBN total del grupo de países menos avanzados, es decir, 600 millones de habitantes». En efecto, dicho informe comprueba que las desigualdades entre ricos y pobres se han acrecentado tanto en el interior de los países como en el plano internacional. En este último caso un quinto de la población mundial

tro de cada país, incluso en las naciones ricas. Este y otros datos hacen ver que ha crecido, en términos relativos y absolutos, la población que se encuentra en situación de pobreza y de extrema pobreza[30]. El resultado es penoso: se mantiene e incluso se ahonda la pobreza[31]. En consecuencia siguen vigentes en nuestros días, y con mayor impulso y envergadura, sus desafíos a nuestra solidaridad y a nuestra reflexión.

Una expresión del empeoramiento mencionado es la llamada exclusión económica y social. No es una realidad, ni una categoría de análisis, totalmente nueva. De alguna manera los pobres fueron siempre excluidos y marginados (piénsese en las poblaciones indígenas y negras en América Latina y el Caribe, por ejemplo). Pero esto no nos debe impedir que percibamos lo que hay de distinto en el momento actual[32]. La noción de exclusión social tiene varias dimensiones. A nivel económico los nuevos modos de producción, debidos en gran parte a la revolución del conocimiento, hacen que las materias primas se desvaloricen, con las consiguientes consecuencias en los países pobres, y conducen a que el acceso al mercado laboral dependa de la calificación técnica del trabajador, lo que

dispone del «86% del PIB (Producto Interior Bruto) mundial, frente al 1% de los países pobres» (PNUD 1999, p. 3).

30 Añadamos que entre las regiones pobres América Latina presenta la mayor desigualdad en la distribución del ingreso (cf *Informe de la comisión latinoamericana y del Caribe sobre el desarrollo social* [1995]).

31 Según una estimación del Banco Mundial la relación entre el ingreso *per cápita* de los países más ricos y el de los más pobres aumentó de 11 en 1870 a 38 en 1980 y a 52 en 1985 (citado por J. IGUÍÑIZ, *Conexión y desconexión entre economía y desarrollo humano*, en AA.VV., *El rostro de Dios en la historia, o.c.*, 71-104). Sobre esta situación ver los preocupantes datos que aporta el informe del Banco Mundial, *World Development Report 2000/2001. Attacking Poverty*, Oxford University Press, Nueva York 2000.

32 Cf A. FIGUEROA-T. ALTAMIRANO-D. SULMONT, *Desigualdad y exclusión social en el Perú*, Instituto internacional de estudios laborales (OIT), Lima 1996.

excluye de hecho a la gran mayoría de los pobres de hoy[33]. La exclusión en el plano político (no participación en las decisiones que se toman en ese ámbito) y en el cultural (discriminación por razones raciales y de género) refuerza la exclusión económica y se apoya en ella.

Estos hechos están dando lugar a que se configuren dos sectores de la humanidad. Uno de ellos, el de los excluidos, es cada vez menos relevante para el funcionamiento de la economía mundial y de la sociedad que se afirma de forma creciente. Por eso, desde hace muchos años, hablamos de los pobres como de los «insignificantes», en la medida en que su dignidad humana y su condición de hijos e hijas de Dios no es reconocida por la sociedad contemporánea. Término que nos permitía recordar, además, que para el creyente en el Dios que no hace acepción de personas, nadie puede ser insignificante.

Desde los últimos

Inspirándose en el magisterio universal de la Iglesia el episcopado norteamericano planteaba hace unos años un criterio para juzgar una determinada política económica. Aludiendo a la opción por el pobre y a la necesidad de evaluar la actividad social y económica «desde el ángulo de los pobres», afirmaban: «Si la sociedad va a lograr la

[33] Además, la tecnificación y la automatización del trabajo tienden a prescindir de la mano de obra, incluso en el interior de los países industrializados. De ahí que la crisis del empleo («la plaga del desempleo» la llama *Laborem exercens*, 8) en nuestros días se expresa en el fenómeno del crecimiento económico sin empleo, que «redunda –como dice el *Informe* del PNUD (1996)– en largas horas de trabajo e ingresos muy bajos para centenares de millones de personas que realizan tareas de baja productividad en la agricultura y el sector paralelo no estructurado» (*Informe* del PNUD, 4).

justicia para *todos*, hay que reconocer la prioridad de las reivindicaciones de los marginados y de aquellos cuyos derechos son negados»[34]. Las repercusiones sobre los más débiles son un criterio para decidir acerca de la justicia existente en una sociedad[35].

Es un punto de vista capital, sobre todo si se tiene en cuenta que esos marginados son muchas veces las víctimas de un sistema económico-social. La experiencia latinoamericana nos hizo comprender hace un tiempo que, en última instancia, la pobreza significa muerte. Muerte temprana e injusta. Con ello no se pretende decir que no sea también una realidad de orden económico y social. Pero si nos quedamos en estos niveles no percibimos la radicalidad de lo que está en juego en el asunto de la pobreza: la vida y la muerte de las personas.

La pobreza, tal como la conocemos hoy en nuestro mundo, es una cuestión global que interpela a toda conciencia humana y a una concepción cristiana de la vida. Lo expresó con gran energía Juan Pablo II durante su visita a Canadá hace unos años. Se trata de un comentario a Mt 25,31-46 que viene muy a propósito para nuestro tema. «Cristo se presenta a nosotros –dice el Papa– como Juez. Tiene derecho especial de hacer ese juicio; pues se hizo uno de nosotros, nuestro hermano». Invita luego a no detenerse en una interpretación individualista de la ética cristiana puesto que ella «tiene también una dimensión social». A continuación, colocando las palabras del Señor en un ancho y exigente contexto histórico, sostiene que Cristo «se está refiriendo a la dimensión universal total

---

[34] *Justicia económica para todos* (1986), 87. Subrayado en el texto.

[35] Este criterio trae a la memoria el segundo principio de la justicia de J. Rawls, *Teoría de la justicia,* Fondo de Cultura Económica, México 1996[2], 68, con el matiz de las consecuencias para los pobres a las que hemos aludido.

de la injusticia y del mal. Está hablando de lo que hoy solemos llamar contraste Norte-Sur. No solo Oriente-Occidente, sino también Norte-Sur, el Norte cada vez más rico y el Sur cada vez más pobre». Juan Pablo II saca entonces graves e impresionantes consecuencias para las naciones ricas: «A la luz de las palabras de Cristo, este Sur pobre juzgará al opulento Norte. Y los pueblos pobres y las naciones pobres –pobres de modos distintos, no solo faltos de alimento, sino también privados de libertad y otros derechos humanos– juzgarán a los que le *arrebatan* estos bienes, acumulando para ellos el monopolio imperialista del predominio económico y político a expensas de otros»[36].

El texto es severo, pero plantea las cosas en su debido terreno. El cuadro grandioso y definitivo de la escena comentada, así como la penetración del comentario nos ayudan a percibir las consecuencias teológicas del tema de la pobreza. Por importantes que sean sus dimensiones económicas y sociales no agotan, lo decíamos antes, su significado para nuestra reflexión[37].

Antes de terminar es importante recordar que los pobres, insignificantes y excluidos, no son personas pasivas esperando que se les tienda la mano. No tienen solo carencias, en ellos bullen muchas posibilidades y riquezas humanas. El pobre y marginado de América Latina es muchas veces poseedor de una cultura con valores propios

---

[36] Homilía en la misa celebrada en el aeropuerto de Namao (Canadá), 17 de septiembre de 1984, 3-4. Subrayado nuestro. Años antes en su encíclica *Redemptor hominis* había escrito a propósito del mismo texto mateano: «Esta escena escatológica debe ser *aplicada* siempre a la historia del hombre, debe ser siempre "medida" de los actos humanos» (n. 16).

[37] En esa línea se sitúa la interpelación que viene de los textos sobre los rostros de los pobres que encontramos en Puebla (31-39) y Santo Domingo (178-179).

y elocuentes que vienen de su raza, de su historia, de su lengua. Tiene energías como las demostradas por las organizaciones de mujeres, a lo largo y ancho del continente, en lucha por la vida de su familia y del pueblo pobre, con una inventiva y una fuerza creadora impresionantes para enfrentar la crisis.

La fe cristiana ha jugado para una gran parte de los pobres de América Latina un papel capital en esa actitud, ella ha sido una fuente de inspiración y una razón poderosa para negarse a perder la esperanza en el futuro. Aliento para un pueblo que proclama, como lo hizo un poblador de Lima (1985) ante Juan Pablo II: «Tenemos hambre de pan, y tenemos hambre de Dios», distinguiendo, sin separar, dos radicales necesidades humanas. Saludo al cual el Papa respondió con sencillez y vigor: «Que el hambre de Dios permanezca y el hambre de pan desaparezca».

Debilitamiento del pensamiento

La etapa histórica en la que estamos entrando es compleja. A los aspectos económicos y políticos se suman otros de carácter cultural que moldean igualmente la mentalidad contemporánea. Nos referimos a aquello que algunos llaman posmodernidad o pensamiento posmoderno. Somos conscientes de la ambigüedad del concepto, y sobre todo de la denominación, pero indudablemente corresponde a una vertiente de la realidad.

No se trata, conviene decirlo desde el principio, de un asunto confinado a minorías intelectuales, aunque sea en esos círculos donde esa perspectiva adquiere mayor presencia. Tampoco debe pensarse que se limita a Europa y Norteamérica, aunque –una vez más– sea allí donde se escriba y se discuta más sobre esta materia. Los medios de comunicación, el arte, la literatura y, también, ciertas teologías transmiten algunas de sus tesis más allá de los ambientes intelectuales de los países del llamado todavía Tercer Mundo, al mismo tiempo que condicionan muchas actitudes. Varios de sus rasgos refuerzan aspectos del olvido por los insignificantes de este mundo que habíamos recordado en páginas anteriores a propósito del neoliberalismo. Otros, es verdad, pueden abrir nuevas perspectivas en el tema que nos ocupa.

No es ocioso, por consiguiente, plantearnos ante esta cuestión la pregunta que nos sirve de hilo conductor en estas páginas: ¿dónde van a dormir los pobres en el mundo posmoderno (o como quiera llamársele)? Intentar responder a este interrogante nos ayudará a perfilar mejor las pistas a seguir desde el punto de vista del testimonio cristiano.

Crisis de la modernidad

No entraremos en el debate acerca de si realmente estamos en una época histórica que podemos llamar posmodernidad o si se trata de una etapa de la modernidad, más exactamente de una visión de ella. El asunto ha sido muy discutido y existe al respecto una gran variedad de opiniones. Pero como lo decíamos más arriba, lo cierto es que hay aspectos de la realidad que son acentuados por esas perspectivas y que merecen una cierta consideración. Hay ambivalencias y confusiones difíciles de despejar; no obstante, hay también perfiles que dibujan un momento particular del pensamiento y de la conducta humana cotidiana que por comodidad llamaremos posmoderno.

Estamos frente a una reacción contra algunos de los grandes temas de la modernidad. Concretamente, contra lo que los representantes de este pensamiento llaman los «grandes relatos» (o «metarrelatos») propios de la modernidad[38]. J. F. Lyotard los enuncia así: «Emancipación progresiva de la razón y de la libertad, emancipación progresiva o catastrófica del trabajo (fuente de valor alienado en el capitalismo), enriquecimiento de toda la humanidad a través del progreso de la tecnociencia capitalista». El autor añade, y esto es importante para nosotros: «E incluso, si se cuenta al cristianismo dentro de la modernidad (opuesto, por lo tanto, al clasicismo antiguo), salvación de las criaturas por medio de la conversión de las almas vía el relato crístico del amor mártir»[39].

El rechazo frontal es a «la filosofía de Hegel [que] totaliza todos estos relatos y, en ese sentido, concentra en sí misma la modernidad especulativa»[40]. Para este autor una filosofía de la historia está siempre implicada en la legitimación de un saber por medio de un metarrelato[41]. Lo reprochado es la voluntad de poder que los grandes relatos de la modernidad representan. Es más, los posmodernos ven en esta actitud una violencia que quita libertad a los individuos y que por ello debe ser recusada.

Aludiendo al célebre análisis de Weber sobre la modernidad en tanto desencantamiento del mundo (o su desacralización) producido por la nueva racionalidad, se ha hablado de la posmodernidad como «el desencanto del

---

[38] «Simplificando al extremo, se considera "posmoderna" la incredulidad respecto de los metarrelatos» (J. F. Lyotard, *La condition postmoderne*, Éditions de Minuit, París 1979, 7).

[39] *La posmodernidad explicada a los niños*, Gedisa, Barcelona 1987, 29.

[40] Ib.

[41] J. F. Lyotard, *La condition postmoderne*, o.c., 7. En este sentido el marxismo debe ser considerado uno de esos metarrelatos.

desencanto». Hay, en efecto, una frustración respecto de la modernidad, esta no habría cumplido sus promesas. En lugar de paz social, de comportamientos racionales y transparentes, y de felicidad personal, hemos tenido guerras devastadoras, inestabilidad política y terribles violencias. El caso de Auschwitz es citado como un ejemplo paradigmático de inhumanidad contra la que la posmodernidad reacciona. Muchos de los avances de la ciencia y la técnica se han convertido en instrumentos de destrucción.

Toda concepción unitaria de la historia queda, por consiguiente, fuera de carrera[42]. No tiene sentido organizar los acontecimientos del mundo humano bajo la idea de una historia universal de la humanidad. Una historia cuyo desarrollo es en cierta manera conocido de antemano. Solo tenemos pequeños relatos, historias individuales y locales. No hay fundamentos metafísicos del devenir histórico. Estamos ante lo que se ha llamado una fragmentación del saber humano.

En el mismo movimiento de fondo, pero con algunas divergencias con Lyotard, G. Vattimo piensa que «de lo que se trata es de considerar, y de calibrar, lo que comporta la disolución del pensamiento fundacional, esto es: de la metafísica»[43]. Inspirándose en Nietzsche y Heidegger postula lo que califica como «pensamiento débil» y precisa que este «no es un pensamiento de la debilidad, sino del

---

[42] «La modernidad –dice G. Vattimo– deja de existir cuando, por múltiples razones, desaparece la posibilidad de seguir hablando de la historia como una entidad unitaria» (G. VATTIMO, *Posmodernidad, ¿una sociedad transparente?*, en ID, *En torno a la posmodernidad*, Anthropos, Barcelona 1990, 10).

[43] G. VATTIMO, *Posmodernidad y fin de la historia*, en ID, *Ética de la interpretación*, Paidós Ibérica, Barcelona 1991, 28. La metafísica está ligada a la violencia que mencionamos antes. «Las raíces de la violencia metafísica están en último término en la relación autoritaria que establece entre el fundamento y lo fundado» (G. VATTIMO, *Ontologia dell'attualità*, en ID, *Filosofia '87*, Laterza, Roma-Bari 1988) 201.

debilitamiento: el reconocimiento de una línea de disolución en la historia de la ontología»[44].

Una consecuencia de estas premisas es que caben muchas posturas y opiniones dentro de la posmodernidad. Hay en ella un enorme pluralismo que ha llevado a decir que en ese pensamiento «todo vale»[45]. Reaccionando contra posiciones que se consideran dogmáticas y totalitarias se llega a un relativismo cultural, teñido de un cierto escepticismo frente a las posibilidades de conocer que tiene el ser humano. Escepticismo que repercute tanto en el plano de la ética[46] como en el de la política[47].

Sin duda la crítica posmoderna hace resaltar las debilidades e, incluso, las contradicciones de la modernidad. Debe recordarse, sin embargo, que el pensamiento moderno siempre cultivó la autocrítica, más de uno de sus representantes (F. Hegel es, en cierto modo, uno de ellos)

---

[44] Citado en T. OÑATE, *Introducción,* en G. VATTIMO, *La sociedad transparente,* Paidós, Barcelona 1990, 38. De este último autor hemos tomado el título del presente epígrafe.

[45] Cf A. HELLER, *Los movimientos culturales,* en F. VIVIESCAS-F. GIRALDO (eds.), *Colombia. El despertar de la modernidad,* Foro Nacional de Colombia, Bogotá 1991.

[46] «La única visión global de la realidad que nos puede parecer verosímil –dice Vattimo– es una visión que asuma muy profundamente la experiencia de la fragmentación (...). Solo podremos reconstruir una ética partiendo de la conciencia de que no es posible una ética de principios que después se realizan como aplicación de un principio universal. Nuestra ética es la disolución de la universalidad»: G. VATTIMO, *Entrevista,* Revista de Occidente 104 (enero de 1990) 127.

[47] El pensamiento débil es «un esfuerzo por encontrar una posibilidad de emancipación que no esté ligada a las rigideces de la tradición revolucionaria, de la política dialéctica». Una posibilidad de «transformación social desde el interior del capitalismo tardo-moderno, de acuerdo con la idea de esos movimientos de liberación internos de la sociedad capitalista que no implican como condición de realización la toma del poder en el sentido clásico leninista» (ib, 126 y 123). Esta es una de las razones por las cuales J. Habermas acusa al pensamiento posmoderno de ser un movimiento neoconservador en política. El filósofo alemán piensa que la modernidad es más bien un «proyecto inacabado».

expresó su insatisfacción ante los resultados de la Ilustración. Pero ahora la crítica es mucho más radical, además ella ha desbordado los círculos intelectuales. En tanto que una actitud frente a la vida alcanza a diversos sectores sociales, algunos de los cuales juegan un papel muy activo en el ámbito cultural y en el de la comunicación en la sociedad contemporánea[48].

La fragmentación del saber humano

Hay, sin duda, algo saludable en la reacción contra visiones totalizadoras de la historia, que forman parte de los grandes relatos. Esos enfoques envuelven un autoritarismo que ha sido bien percibido por los posmodernos. Los pobres se han visto muchas veces manipulados por proyectos que se pretenden globales sin consideración por las personas y su vida cotidiana, y que tensamente orientados al futuro olvidan el presente. Pero el pensamiento posmoderno no se limita a esto, socava también todo sentido de la historia y eso repercute sobre la significación a dar a cada existencia humana. Identifica, además, la filosofía de la historia de Hegel con la concepción judeo-cristiana de la historia y las engloba en su rechazo[49].

Es justo reconocer que la crítica posmoderna nos ayuda a no caer en esquemas rígidos y almidonados para interpretar el curso de la historia. Situación que se ha dado a veces en el interior del mundo teológico. No obstante,

[48] Cf J. M. MARDONES, *Postmodernidad y cristianismo*, Sal Terrae, Santander 1988 y S. LASH, *Sociology of Postmodernism*, Rontledge, Londres-Nueva York 1990.

[49] Es oportuno anotar frente a ese texto que si bien la influencia del cristianismo sobre el pensamiento hegeliano es incontrovertible, esto no desemboca en una identidad entre ambos.

dicho esto, es necesario recordar que en una perspectiva cristiana la historia tiene su centro en la venida del Hijo, en la Encarnación, sin que esto quiera decir que la historia humana avanza ineluctablemente siguiendo cauces trazados y dominados por un férreo pensamiento rector. Jesucristo como centro de la historia es igualmente el Camino (cf Jn 14,6) hacia el Padre, andadura que da sentido a la existencia humana y a la que todos estamos llamados. Esa vocación da su plena densidad al presente, al hoy, como lo recordábamos en las páginas introductorias de este trabajo.

El saber posmoderno recusa los grandes relatos y valora los pequeños. Nos ayuda de este modo a ser más atentos y sensibles a lo local y lo diferente (uno de sus temas)[50]. En un mundo que –no sin contradicción con otros de sus rasgos– presta cada vez más atención a la diversidad cultural, y a las minorías, esto tiene consecuencias importantes. En el contexto de Latinoamérica y el Caribe en donde las etnias indígenas, la población negra y la mujer buscan afirmar sus valores y reivindicar sus derechos, este rasgo de la posmodernidad puede resultar particularmente fecundo y ser un correctivo a un cierto imperialismo occidental.

Pero no podemos obviar el hecho de que esa sensibilidad está ligada a una exacerbación del individualismo ya presente en la modernidad. La negación del sentido de la historia acrecienta el individualismo y refuerza el narcisismo de la sociedad actual[51]. Se ha hablado incluso, al respecto, de una segunda revolución individualista[52].

---

[50] Cf G. VATTIMO, *Le aventure della differenza*, Garzanti, Milán 1980.

[51] Cf C. LASH, *The Culture of Narcissism. American Life in an Age of Diminishing Expectations*, Norton, Nueva York-Londres 1991.

[52] Cf A. JIMÉNEZ, *A vueltas con la postmodernidad*, Proyección 155 (octubre-diciembre de 1989) 304. El autor remite a G. Lipovetsky.

Habría que estar atento a que la crítica al proyecto de la modernidad no oculte la voluntad de refugiarse en el individualismo y en la indiferencia a los demás que da lugar a una sociedad encerrada en sí misma[53]. Esa es una clara diferencia con el cuestionamiento que desde tiempo atrás ha hecho la teología de la liberación al pensamiento moderno.

Por otro lado, contrariamente a lo que la mentalidad moderna pensaba, la religión no solo no se ha agotado, ni se ha reducido al ámbito privado, sino que presenta una nueva vitalidad. El talante posmoderno puede contribuir a respetar el misterio y a dar así un aporte a lo que algunos consideran el surgimiento de una nueva época religiosa[54]. Los ejemplos son múltiples en el mundo de hoy. Debemos observar, sin embargo, que se trata muchas veces de una religiosidad difusa y confusa, portadora de una creencia genérica sobre Dios, o acerca de una vaga divinidad, desconfiada de convicciones firmes y refractaria a las exigencias de comportamiento que ellas pudieran acarrear. Pero es un hecho del momento presente y será necesario tenerlo en cuenta desde el ángulo de la fe.

Los puntos recordados, y ciertamente otros más, convergen en una actitud desganada frente a las posibilidades de cambiar situaciones que a la luz de la ética se conside-

---

[53] H. Peukert hace notar que la hermenéutica de la diferencia de la que hablan los posmodernos corre el peligro de «pensar únicamente en lo distinto del propio pensamiento, en vez de percibir el pensamiento distinto de los otros»: *Crítica filosófica de la modernidad,* Concilium 244 (1992) 46.

[54] «Tanto la modernidad, con sus valores y contravalores, como la posmodernidad en tanto que espacio abierto a la trascendencia, presentan serios desafíos a la evangelización de la cultura» (Conferencia episcopal de Santo Domingo, 252). Cf también las reflexiones, más bien críticas, presentadas por J. Derrida-G. Vattimo, *La religión,* PPC, Madrid 1996. A lo que habría que añadir las nuevas consideraciones sobre el tema que presenta G. Vattimo en *Credere di Credere,* Garzanti, Milán 1996.

ran injustas e inhumanas. La frustración provocada por proyectos incumplidos ha tenido como consecuencia un desinterés por la suerte que corren los más débiles de la sociedad. Vivimos una época de un espíritu poco militante y comprometido. En un marco neoliberal y posmoderno, arraigados en un agresivo individualismo, la solidaridad resulta inoperante y algo así como un rezagarse del pasado.

Si a esto se agrega el escepticismo que hace pensar que todas las opiniones valen por igual y que cada uno tiene –como se dice con frecuencia hoy– *su* verdad, todo vale. La reacción contra las visiones englobantes –pese a lo que tiene también de sano– lleva a borrar del horizonte toda utopía o proyecto de algo distinto a lo actualmente existente. No hace falta decir que las primeras víctimas de estas actitudes son los pobres y marginados para los cuales parece haber muy poco lugar en el mundo que se está forjando. Siempre es fácil criticar las utopías desde un *topos* invariable y en el que se está satisfecho.

Sin embargo, ya lo hemos indicado, estar vigilante frente a estos alcances del momento actual y saber discernir en él, no puede hacer olvidar los valores que se encuentran igualmente en esta mentalidad. En esa situación compleja y a veces hasta contradictoria es necesario dar testimonio del reino de Dios, de la solidaridad con los pobres y de la liberación de los que ven violados sus más elementales derechos. La reflexión sobre la fe, la teología, está convocada a ser una hermenéutica de la esperanza en nuestro tiempo. Esperanza en el Dios de la vida, que es una de las líneas de fuerza de la reflexión que hemos llevado adelante en estos años.

Proclamar el Reino

Las observaciones hechas hasta el momento sitúan, y nos permiten ser concisos en su presentación, algunos asuntos que deben ser profundizados teológicamente en el futuro. No pueden ser puntos absolutamente nuevos, pertenecen al mensaje cristiano que los creyentes conocen y en él se reconocen como seguidores de Jesús y como Iglesia. La novedad está en la forma de abordarlos, en los retos que se busca responder, en las facetas inéditas que verdades conocidas desvelarán, en los caminos para expresarlos.

Esto vale también para el anuncio del Evangelio en el que la reflexión teológica se ubica y se nutre. En ese sentido se ha hablado de nueva evangelización[55]. Juan Pablo II la presentó de este modo: «Nueva en su ardor, en sus métodos, en su expresión»[56]. El Papa retomó con energía este enfoque en diversas ocasiones y la conferencia de Santo Domingo hizo de él uno de sus grandes temas.

La perspectiva de la nueva evangelización reaparece como «el tema de fondo» en la preparación al tercer milenio (cf *Tertio millennio adveniente,* 21). Para el efecto, hay que ahondar en «la visión conciliar» (ib); puesto que con el Concilio se inició la preparación del jubileo del tercer milenio. «Un Concilio –dice Juan Pablo II significativamente– semejante a los anteriores, aunque muy diferente; un Concilio centrado en el misterio de Cristo y de su Iglesia, y al mismo tiempo abierto al mundo» (ib 18). «Al mismo tiempo», se trata pues de dos aspectos inseparables. El contenido salvífico del misterio de Cristo y su Iglesia debe ser comunicado, en actitud de apertura, al

---

55 La expresión se encuentra en el documento preparatorio a Medellín y en el *Mensaje* de esta conferencia.

56 Alocución al CELAM en Haití, 9 de marzo de 1983.

mundo. En este marco intentaremos unas consideraciones acerca de ciertas pistas en vistas a esa comunicación y a la reflexión teológica que ella implica.

Liberados para la libertad

Antes, es oportuno hacer algunas breves observaciones sobre las relaciones entre liberación y libertad, cuestión medular en teología de la liberación[57].

– Entre la libertad de y la libertad para

El punto de partida está en un importante texto de Pablo en la Carta a los gálatas, centrada en el tema de la libertad del cristiano. «Para ser libres [literalmente: para la libertad] nos liberó Cristo», dice Pablo (5,1). Liberación del pecado en tanto que este significa un repliegue egoísta sobre sí mismo, pecar es negarse a amar a Dios y a los otros. Pero para Pablo se trata también de una liberación de la Ley y de las fuerzas de la muerte (cf Rom 8,2). El pecado, ruptura de la amistad con Dios y con los demás, es, en la Biblia, la causa última de la injusticia y la opresión entre los seres humanos, y lo es igualmente de toda ausencia de libertad personal[58]. Causa última, porque ciertamente hay otras causas que se sitúan al nivel de las estructuras

[57] Para estas líneas nos inspiramos en lo dicho en G. Gutiérrez, *Teología de la liberación*, CEP, Lima 1971 y 1988², 57-58 y 112-113, respectivamente; e Id, *Beber en su propio pozo*, Cep, Lima 1986, 140-141.

[58] Por eso hablamos de tres dimensiones de la liberación integral que ni se confunden ni se yuxtaponen: liberación social, liberación personal y liberación soteriológica; liberación del pecado y entrada en comunión con Dios y los otros.

económicas y sociales, así como en el de las dimensiones personales. No es suficiente pues una transformación, por radical que pueda ser, de esas estructuras y aspectos. Solo el amor gratuito y salvífico de Cristo puede ir hasta la raíz de nosotros mismos y hacer brotar desde allí un verdadero amor.

No obstante, Pablo no se limita a decir que Cristo nos liberó, afirma igualmente que lo hizo para que fuésemos libres. Según una clásica distinción hay que considerar una libertad *de* y una libertad *para*. La primera apunta al pecado, al egoísmo, a la opresión, a la injusticia, a la necesidad, condiciones todas ellas que requieren una liberación. La segunda indica el para qué de esa libertad: el amor, la comunión, es la etapa final de la liberación. La libertad *para* da su sentido profundo a la libertad *de*. Si apelamos a lo que se dice en la misma Carta a los gálatas en 5,13, podríamos decir que la expresión *libres para amar* sintetiza la posición paulina. Sin una reflexión sobre la libertad, una teología de la liberación queda mutilada.

La libertad es un elemento central del mensaje cristiano. El acento en la liberación no debe hacerlo olvidar. Es importante establecer una fecunda relación entre liberación y libertad. El asunto se hace aún más urgente ante algunos cuestionamientos del tiempo presente. Ellos nos llevan también a subrayar los alcances de otro aspecto capital de la fe, estrechamente ligado al tema de la libertad. Nos referimos al vínculo que instituye la Escritura entre verdad y libertad. «La verdad os hará libres» dice un célebre texto del evangelio de Juan (8,32). Esa verdad es Cristo mismo que nos libera y nos llama a la libertad (cf Gál 5,13). Todos los seres humanos tienen derecho a que esa verdad les sea comunicada, anuncio que no solo debe respetar la libertad, sino que incluso debe constituirla como tal. Libertad que, por otro lado, no puede quedar encerrada en un ámbito individual y recoleto. Ella alcanza su verdadero sentido cuando dispone a las personas a entrar en relación con Dios y a estar al servicio de otros con un acento especial en los más pobres y desposeídos[59].

La tarea evangelizadora de la Iglesia debe hacer que las personas sean efectivamente libres. Libres para amar. En consonancia con esta finalidad la reflexión teológica debe ser crítica de un pensamiento que renuncia a la búsqueda de la verdad y ha de transitar por los caminos que permitan profundizar en el don de la verdad que nos hace libres.

– *Su Reino y su justicia*

En el corazón del Sermón de la Montaña se halla un versículo que en cierto modo lo resume: «Buscad primero *su* Reino y *su* justicia, y todas las cosas se os darán por añadidura» (6,33). El sujeto de los dos posesivos de la primera frase está en el versículo anterior: es el «Padre celestial».

Esa búsqueda da su razón de ser a la vida cristiana. Así, de una manera precisa y con alcances que importa tener en cuenta, Mateo nos presenta el meollo de toda la Biblia: todo viene de Dios. Dios es el Santo, el totalmente Otro, Aquel cuyos «designios son insondables e inescrutables sus caminos (...) porque de él y para él son todas las cosas» (Rom 11,33.35). Fuente de vida y amor (cf Éx 3,14; 1Jn 4,16). Un Dios lejano y cercano, al mismo tiempo, que nos llama a la amistad con Él, fundamento de la que debe

---

59 La encíclica *Veritatis splendor* de Juan Pablo II está dedicada a estos temas.

existir entre los seres humanos. El Dios santo es también el Dios encarnado, acoger su amor en nuestras vidas debe traducirse en gestos de vida hacia los demás.

En el «cara a cara» con Dios (1Cor 13,12) la existencia humana alcanza su plenitud. Es la esperanza y la experiencia de los místicos, la unión con Dios de que hablan a menudo. «Te han visto mis ojos», proclama Job (42,5) cuando comprende que el amor gratuito de Dios, sin límites ni cortapisas, es el basamento del mundo y no su estrecha concepción de una justicia de «tú me das, yo te doy». Llegado al final del camino, dice poéticamente Juan de la Cruz, «quedeme y olvideme, el rostro recliné sobre el amado (...) entre azucenas olvidado»[60]. En forma muy bella también lo expresa Luis Espinal, sacerdote asesinado en Bolivia por su compromiso con los pobres: «Señor de la noche y el vacío, quisiéramos saber mullirnos en tu regazo, impalpable, confiadamente, con seguridad de niños»[61]. La vivencia mística ha encontrado siempre en la poesía el lenguaje más apropiado para expresar el misterio del amor.

Nada más contrario a la búsqueda de Dios, su Reino y su justicia, que el servicio (en el sentido fuerte del término: el culto) a un ídolo fabricado con manos humanas. La idolatría, según la Biblia es entregar su vida y poner su confianza en algo o alguien que no es Dios. Se trata de un riesgo permanente del cristiano. Como lo hemos recordado, hoy, en el contexto neoliberal, el mercado, el lucro, son objeto de un culto idolátrico. Juan Pablo II habla por eso de «la idolatría del mercado» (*Centesimus annus*, 40). Es la forma contemporánea del culto a Mamón. A la ido-

---

[60] *Subida del Monte Carmelo*, en *Vida y obras de san Juan de la Cruz*, BAC, Madrid 1950, 558.

[61] *Oraciones a quemarropa*, Cep, Lima 1982, 2.

latría del dinero se une la del poder que pasa por encima de todo derecho humano. A esos ídolos se les ofrecen víctimas, por eso los profetas bíblicos ligan siempre idolatría y asesinato. Los excluidos del presente orden económico internacional se cuentan entre esas víctimas.

Pero es necesario ir más lejos todavía, aunque esto resulte incómodo a algunos[62]. Los aspectos idolátricos del culto al dinero y de la voluntad de poder son, desgraciadamente, claros y masivos en nuestros días y repugnan a una conciencia humana y cristiana. La actitud idolátrica puede, sin embargo, entrar también por el patio trasero de nuestro compromiso con la liberación del pobre, por bien inspirado que este sea y por muy motivado en la fe cristiana que se presente. Afirmarlo puede resultar extraño a primera vista, pero es necesario ver las cosas sin remilgos ni evasiones.

Es posible, por ejemplo, hacer de la justicia algo muy cercano a un ídolo si la convertimos en un absoluto y no sabemos colocarla en el contexto que le permite desplegar todo su sentido: el del amor gratuito. Si no hay amistad cotidiana con el pobre, y una valoración de la diversidad de sus deseos y necesidades en tanto ser humano, podemos –parece cruel decirlo, pero la experiencia lo enseña– transformar la búsqueda de la justicia en un pretexto, y hasta en una justificación, para maltratar a los pobres, pretendiendo conocer mejor que ellos lo que quieren y necesitan.

Podemos igualmente hacer del pobre una especie de ídolo. Esto sucede cuando lo idealizamos considerándolo siempre bueno, generoso, profundamente religioso, pensando

[62] Retomamos en las líneas que siguen algunos puntos presentados en nuestro artículo *Relectura de san Juan de la Cruz desde América Latina*, en AA.VV., *Actas del Congreso Internacional sanjuanista* 3, Junta de Castilla y León 1993, 325-335 y G. GUTIÉRREZ, *Densidad del presente*, CEP-IBC, Lima 1996.

que todo lo que viene de él es verdadero y en cierto modo sagrado. Estas cualidades del pobre se convertirían en el motivo principal de la solidaridad con él. Se olvida así que los pobres son seres humanos atravesados por la gracia y el pecado, como diría san Agustín. Que haya en ellos enormes dosis de generosidad y entrega es algo que no puede ponerse en duda, pero de allí a decir que así es en todos los casos es desconocer la complejidad y la ambigüedad de las personas. La idealización del pobre –que hacen quienes no lo son y a veces aunque más raramente, los mismos pobres– no conduce a su liberación. Además, y sobre todo, es necesario recordar que para un cristiano la razón última del compromiso con los pobres no reside en sus cualidades morales o religiosas –aunque estas existan–, sino en la bondad de Dios que debe inspirar nuestra propia conducta.

Por otro lado, y en forma aún más sutil, nuestra propia teología, incluida la teología de la liberación por supuesto, que intentamos elaborar en América Latina a partir de los sufrimientos y esperanzas de los pobres, puede asimismo devenir una especie de ídolo. Esto tiene lugar cuando en la práctica ella pasa a ser más importante que la fe que la ilumina y también que la realidad que procura expresar. Es el riesgo que acarrea un trabajo intelectual al que nos aferramos más de lo debido. Quienes firman los textos teológicos no deben olvidar que los verdaderos testigos de la Iglesia latinoamericana, que quiere manifestar su fe en el Dios de la Biblia a través de su solidaridad con los pobres no son ellos. No necesariamente para ser más exactos. Son más bien los que viven muchas veces anónimamente, y arriesgando sus propias vidas, el compromiso pastoral y social en lo cotidiano de sus existencias. Anónimos para los medios de comunicación y para el gran público, pero no para Dios.

Por todo eso, testimonios como los de Juan de la Cruz y tantos otros de la tradición mística de la Iglesia son tan importantes para nuestra reflexión teológica. Con el escalpelo de su experiencia, y de su poesía, nos ayudan a eliminar todo aquello que esté de alguna manera infectado de idolatría y de ensimismamientos, que nos hace poner la «añadidura» en el primer plano de nuestra búsqueda y que nos impiden ver y sentir que solo Dios es Dios.

En toda circunstancia es capital para los cristianos tener presente el primado de Dios en sus vidas. La espiritualidad, el seguimiento de Jesús, es por eso no solo una preocupación relevante en teología, sino su real fundamento. Esto se hace en cierto modo más urgente cuando esos cristianos se hallan inmersos en lo que los papas llaman «la noble lucha por la justicia». Se trata de la justicia de Dios, en su doble vertiente bíblica de justicia entre los seres humanos y de santidad. Ella está estrechamente ligada a su Reino de vida y amor, según el texto mateano que citábamos páginas atrás.

Por esta razón, y las enunciadas hace poco, el tema de la espiritualidad ha sido desde un comienzo central en teología de la liberación, en una buena parte de ella por lo menos. Esta es una reflexión acerca de la fe que se coloca en la tensión entre mística y compromiso histórico. Hemos recordado antes que la opción preferencial por el pobre, a la que dicha teología está vinculada, es una opción teocéntrica. Auténtica decisión por los pobres reales del mundo de hoy, ella tiene sus cimientos en la gratuidad del amor de Dios, razón final de la preferencia. El fundamento místico es capital para la proclamación del reino de Dios y de sus exigencias de justicia[63].

---

[63] Por estas razones aquellos que piensan –y escriben– que la teología de la

Esta línea de profundización espiritual es una de las grandes tareas de la evangelización en nuestros días y también de la reflexión teológica. En esto se juega lo que debe ser la columna vertebral de la existencia cristiana: el sentido de Dios, la presencia de su amor en nuestras vidas. No se trata de compensar el compromiso en la historia apelando a dimensiones espirituales, sino de ahondarlo y darle toda su significación y radicalidad. Para el efecto, es importante –y necesario recuperar si fuese el caso– el ejercicio de la teología como sabiduría. Como un saboreo, un saber gustoso de la palabra de Dios; un saber con sabor orientado a enriquecer la vida cotidiana del creyente y de toda la comunidad cristiana. Esto nos permite, además, valorando el papel que juega la razón en la reflexión teológica, abrirnos a otras formas de conocimiento de las verdades cristianas. El lenguaje simbólico, por ejemplo, es particularmente fecundo al respecto

La cuestión del otro

A juicio de Carlos Fuentes el problema mayor del siglo venidero es el problema del otro. Esta es una vieja inquietud en el marco de la teología de la liberación que ve en el pobre al «otro» de una sociedad cada vez más satisfecha con ella misma. Pero es innegable que vivimos un momento de acortamiento de las distancias en el planeta (la aldea

liberación ha entrado en estos años en el terreno de la espiritualidad y la mística debido a los debates suscitados por sus posiciones, desconocen las fuentes y el recorrido de esta reflexión sobre la fe. Olvidan también que la espiritualidad cristiana no se mueve en un ámbito etéreo, sino que dice siempre –debe decir– relación con lo cotidiano y la solidaridad con otros, especialmente los más débiles de la sociedad. Las experiencias espirituales que se dan en América Latina –y que llegan hasta la entrega de la vida– caminan en ese sentido.

global) y, a la vez, de una creciente conciencia de la diversidad de pueblos, culturas, géneros, etnias, religiones. No son movimientos contradictorios como se podría pensar. Puede decirse incluso que, en cierto modo, se refuerzan mutuamente, aunque a veces se enfrenten abiertamente y se produzcan peligrosos remolinos.

Identidad y diálogo

En América Latina los viejos pueblos indígenas han hecho oír su voz de protesta por los vejámenes recibidos a lo largo de siglos. Pero la han levantado también para enriquecer a otros con la abundancia de sus culturas, el amor por la tierra fuente de vida, la experiencia de su respeto por el mundo natural y su sentido comunitario, la profundidad de sus valores religiosos y el valor de su reflexión teológica[64]. Con los matices propios a cada caso, algo similar ocurre con la población negra de nuestro continente[65], y con la nueva presencia de la mujer, especialmente la que pertenece a los sectores marginados y oprimidos[66]. Esto ha

---

[64] Cf el resultado de dos encuentros publicado en *Teología India* I (México), Cenami-Abya Yala, México-Quito 1991 y *Teología India* II (Panamá), Abya-Yala, Quito 1994. En este último libro ver E. LÓPEZ, *Tendencias de la teología india hoy,* 5-26.

[65] Cf la obra colectiva *Cultura negra y teología,* DEI, San José (Costa Rica) 1986 y A. APARECIDO DA SILVA, *Jesus Cristo Luz e Libertador do povo afro-americano. Ensaio de cristologia experencial,* Revista ecclesiástica brasileira (septiembre de 1996) 636-663.

[66] Cf tres obras colectivas: *El rostro femenino de la teología,* DEI, San José (Costa Rica) 1986; M. P. AQUINO (ed.), *Aportes para una teología desde la mujer,* Biblia y Fe, Madrid 1988; y E. TAMEZ (ed.), *Las mujeres toman la palabra,* DEI, San José (Costa Rica) 1989. Ver también A. M. ISASI-DÍAZ-Y. TARANGO, *Hispanic Women. Profetic Voice in the Church,* Harper & Row, San Francisco 1988; A. SUEIRO, *La mujer, un rostro del pobre en el Perú,* Páginas 134 (agosto de 1995) 60-76; y B. PATARO BUCKER, *O Femenino da Igreja e o conflito,* Vozes, Petrópolis 1995.

conducido a un fecundo diálogo entre diferentes puntos de vista teológicos[67].

Es importante hacer diferenciaciones en el seno de esos grupos humanos, ellos no son conjuntos uniformes. Es necesario asimismo tener en cuenta la ascendente afirmación de los valores del pueblo que resulta de los cruces, seculares y recientes, que se dan en este continente de «todas las sangres», como decía José María Arguedas hablando del Perú. No tenemos en mente solo un aspecto racial, sino también cultural, y la cultura está en permanente elaboración. En efecto, ella no pertenece al pasado, es creación continua, en fidelidad y ruptura respecto de una tradición. De ahí su capacidad de resistencia frente a posturas e ideas disolventes de su identidad. El pasado y el presente del pueblo –de los pueblos– de nuestro continente están llenos de ejemplos de esto.

De otro lado, ya lo hemos señalado, el talante posmoderno que llega por oleadas, y con sus ambigüedades, a diferentes estamentos sociales, es proclive a apreciar lo local y lo distinto. No podemos obviar, sin embargo, que esto se hace desde un marcado escepticismo que relativiza toda posibilidad de una aprehensión de verdades universales.

Anunciar el Evangelio es entablar un diálogo salvífico. Supone el respeto por el otro y sus peculiaridades[68]. No busca imponerse sino servir y persuadir[69]. A ello debe

---

[67] Cf G. GUTIÉRREZ, *Reflections from a latinoamerican perspective: finding our way to talk about God*, en V. FABELLA-S. TORRES, *Irruption of the Third World*, Orbis, Nueva York 1983, 222-234 (reproducido en este volumen), y D. IRARRÁZAVAL, *Nuevas rutas de la teología latinoamericana*, Revista latinoamericana de teología 38 (mayo-agosto de 1996) 183-197.

[68] Juan Pablo II recordaba la necesidad de tener un sentido del otro y de no temer la «diferencia» (cf discurso a la 50 Asamblea General de las Naciones Unidas, 10 de octubre de 1995).

[69] En su elocuente alocución a la segunda sesión conciliar Pablo VI decía «que lo sepa el mundo: la Iglesia lo mira (...) con sincero propósito no

apuntar lo que llamamos hoy inculturación de la fe y que sin duda corresponde a una vieja experiencia de la Iglesia. Se trata de un doble movimiento: la fe cristiana debe encarnarse constantemente en nuevos valores culturales, y, a la par, puede decirse que las culturas deben asumir el mensaje evangélico.

No obstante, es importante anotar que el diálogo implica interlocutores conscientes de su propia identidad. La fe cristiana y la teología no pueden renunciar a sus fuentes y a su personalidad para entrar en contacto con otros puntos de vista. Tener convicciones firmes no es obstáculo al diálogo, es más bien una condición necesaria. Acoger, no por mérito propio sino por gracia de Dios, la verdad de Jesucristo en nuestras vidas no solo no invalida nuestro trato con personas de otras perspectivas sino que le da su sentido genuino. Ante la pérdida de referencias que algunos parecen vivir es relevante recordar que la identidad, una identidad humilde y abierta, es un componente esencial de una espiritualidad.

Lo que acabamos de decir puede parecer obvio. Pero pensamos en esa tendencia que vemos hoy en muchas personas y cristianos que consideran que no hay un auténtico diálogo, si de una manera u otra, no renunciamos a nuestros convencimientos y a nuestra aprehensión de la verdad. Esta actitud viene del temor –que desgraciadamente puede ser ilustrado con numerosos y penosos casos históricos– de imponer a la fuerza un punto de vista cristiano. El peligro es real, es justo reconocerlo, pero la solución propuesta es inviable. Además, contrariamente a lo que se estima, es una falta de respeto por el destinatario

de conquistarlo, sino de servirlo; no de condenarlo, sino de confortarlo y de salvarlo» (29 de septiembre de 1963). Perspectiva que no ha perdido nada de su actualidad.

de nuestra comunicación del Evangelio, a quien debemos expresarle con claridad nuestras convicciones, así como le manifestamos nuestra consideración por las suyas.

El escepticismo, el relativismo, «el pensamiento débil» no logran encontrar el lenguaje adecuado para un diálogo realmente respetuoso y provechoso. El gran desafío es saber llevarlo a cabo sin ocultar o rebajar las verdades, y sus alcances, en que creemos. Es una exigencia de fe y de honestidad[70]. Pero, una vez más, y dicho esto, paradójicamente solo es necesario tener una gran capacidad de escucha y de apertura a lo que el Señor puede decirnos desde otros ángulos humanos, culturales y religiosos. Cayendo en una contradicción solo aparente podríamos decir que la capacidad de oír a otros es tanto mayor cuanto más firme es nuestra convicción y más transparente nuestra identidad cristiana.

La opción preferencial por los pobres y excluidos, medular en el mensaje bíblico, es hoy un elemento capital de la identidad cristiana y eclesial. Su referencia al Padre celestial que nos hace el don de su Reino y su justicia es básica, su fundamento cristológico es claro y evidente[71],

[70] Es posible observar en nuestros días la importancia de un punto por esclarecer en el diálogo con las grandes religiones de la humanidad que vale igualmente en algunos casos –contados, es verdad, pero relevantes– en América Latina. Se trata de Jesucristo, el Hijo de Dios hecho hombre, uno de nosotros en la historia, judío, hijo de María, perteneciente a un pueblo determinado. La historicidad de Jesús puede crear problemas para perspectivas religiosas que encuentran difícil aceptar elementos que juzgan vienen de fuera de sus tradiciones culturales. No obstante, el carácter histórico de la Encarnación es un elemento central de la fe cristiana. Habría que profundizar, además, y para todos los casos, lo que significan en materia de ideas las categorías de dentro y de fuera de nuestra propia historia.

[71] Perspectiva que se encuentra desde los primeros pasos de la prehistoria reciente de la expresión opción preferencial por los pobres, cf el texto completo de la intervención del cardenal G. Lercaro que debió de ser para su presentación abreviada en la primera sesión conciliar, el 6 de diciembre de 1962, en *Per la forza dello Spirito*, Dehoniane, Bolonia 1984, 113-122.

ella lleva el sello del amor y de la libertad que nos trae el Espíritu Santo. Dicha opción constituye un factor de identidad eclesial. Contribuye de este modo, a partir de un rasgo propio del mensaje cristiano, a entrar en diálogo con otras perspectivas en el seno de la comunidad eclesial y fuera de ella. Profundizar en la línea de una humilde pero firme identidad cristiana y eclesial, y llevar así adelante una fecunda evangelización, es una de las exigentes tareas de la teología hoy ante muchas incertidumbres, cuestionamientos y también posibilidades del mundo actual. Lo es igualmente, por cierto, para la teología de la liberación.

Una ética de la solidaridad

Los indígenas de América Latina tienen una secular práctica de solidaridad y reciprocidad. Tenemos en mente, por ejemplo, las prestaciones de trabajo que se brindan entre sí los miembros de una misma comunidad[72]. Hay mucho que aprender de esa experiencia que no pertenece solo al pasado, sino que posee una neta vigencia en nuestros días.

Además, en tiempos recientes, el término solidaridad, y la reflexión sobre él, son temas frecuentes en el continente. Para los cristianos la solidaridad expresa un amor eficaz por todos y en particular por los más indefensos de la sociedad. No se trata solamente de gestos personales, la solidaridad es una exigencia para todo el conjunto social y significa un compromiso de toda la Iglesia.

Hoy el asunto reviste proporciones internacionales.

[72] *Mink'a* la llamamos en el mundo andino, cf E. MEYER, *Las reglas del juego en la reciprocidad andina*, en G. ALBERTI-E. MEYER (ed.), *Reciprocidad e intercambio en los Andes peruanos*, IEP, Lima 1974, 37-65.

Y es tanto más apremiante cuanto que poderosas corrientes de pensamiento ligadas al neoliberalismo y a la posmodernidad desacreditan y rechazan, en nombre de un individualismo radical, el comportamiento solidario. Lo consideran arcaico, ineficaz e incluso –aunque nos parezca extraño– contraproducente para el desarrollo de los pueblos, en especial para sus miembros más desvalidos. De allí su valoración del egoísmo –no temen usar la palabra– que estiman un estímulo para la actividad económica y de la acumulación de riquezas que –según ellos– en nada afecta a los pobres. Por otro lado, pero este es un elemento que converge con lo anterior, el sector de la humanidad fascinado con las nuevas formas de conocimiento tiende a encerrarse en sí mismo y a romper la solidaridad con quienes comunica cada vez menos[73].

Juan Pablo II, desde su carta sobre el trabajo humano, hizo repetidas llamadas a la solidaridad. Entre los propios trabajadores, entre los pobres en general y, claro está, entre países ricos y pobres. En su texto acerca del tercer milenio, partiendo de Lucas 4,16-20, hace ver el significado que para la situación mundial tiene el tema bíblico del Jubileo en tanto, precisamente, que expresión de solidaridad, porque es «un tiempo dedicado de modo particular a Dios» (*Tertio millennio adveniente,* 11).

En el texto lucano, basado como sabemos en Isaías, el tema clave es la libertad. A ella aluden tres de sus enunciados (liberación de los cautivos, vista a los ciegos –es decir, a los presos, según el texto hebreo del profeta–, libertad de los oprimidos). La libertad de toda forma de muerte (pecado, opresión) está así ligada a la igualdad

---

[73] Cf las observaciones de E. Arens al respecto en *Neoliberalismo y valores cristianos,* Páginas 137 (febrero de 1996) 47-59.

que es necesario recomenzar a establecer en un año de gracia que no es otra cosa que un tiempo de solidaridad. Todo esto constituye la materia de la Buena Nueva que debe ser anunciada a los pobres. Inspirándose en este pasaje Juan Pablo II urge a proclamar nuevamente, con palabras y obras, el mensaje mesiánico de Jesús.

Dos consecuencias tienen particular interés para nuestro compromiso y nuestra reflexión teológica. La primera concierne a la actualización y el ahondamiento de un tema de raigambre bíblica y patrística: el destino universal de los bienes de la tierra. Hoy más que nunca es oportuno recordar que Dios ha dado a todo el género humano lo necesario para su sustento. Los bienes de este mundo no pertenecen en exclusividad a determinadas personas o grupos sociales, cualesquiera que sean su ubicación en la sociedad o sus conocimientos, ellos pertenecen a todos. Solo en este marco se puede aceptar la apropiación privada de lo obligado para la existencia y lo conveniente para un mejor orden social.

El asunto ha estado presente desde los inicios de la reciente enseñanza social de la Iglesia (cf León XIII), pero su gravitación se ha hecho cada vez mayor y adquiere nuevos alcances[74]. Ante un orden económico presentado como un orden natural que se regula a sí mismo –movido por la famosa «mano invisible»– para beneficio de todos, que hace del lucro y del consumo un motor incondicional de la actividad económica, que depreda la tierra y está en busca de lugares donde depositar la basura industrial, el aserto del destino universal de los bienes de este mundo debe ser trabajado y profundizado.

[74] Cf JUAN PABLO II, *Centesimus annus*, 30-87 y *Tertio millennio adveniente*, 13 y 51.

Una reflexión sobre él hará ver, contra lo que algunos puedan pensar u objetar, que no se trata de una visión ilusoria y romántica de la convivencia social. Es más bien, un enfoque llamado a movilizar las energías personales por razones de fe en el Dios de la vida, de solidaridad humana y también –importa acotarlo– por eficacia histórica[75]. Tenemos ejemplos claros de este empeño en nuestros días. Perspectiva utópica si se quiere, pero en el sentido realista del término que rechaza una situación inhumana y se propone relaciones de justicia y cooperación entre las personas[76]. Emplee o no el término utopía, lo importante es no conformarse con el sufrimiento, el hambre, la falta de libertad de tantos y la ausencia de la transparencia democrática en muchas naciones. Es sustancial igualmente estar convencidos de que los reales progresos de la humanidad nos permiten vislumbrar la posibilidad de forjar una situación distinta a la actual.

La segunda consecuencia que nos interesa destacar es la referente al agobiante problema de la deuda externa. Está claro que los países pobres no pueden pagarla sino al precio de la vida y el dolor de enormes franjas de su población. Por eso el asunto es ante todo ético. De alguna manera toda cuestión económica importante que afecta la vida de las personas lo es, pero en el punto de la deuda estamos ante algo tan evidente que resulta monstruoso pretender que se limita a una cuestión técnica. Sin duda

---

[75] Cf las interesantes experiencias y reflexiones acerca de una economía popular solidaria que presenta L. Razeto en *Economía popular de solidaridad*, Área pastoral social de la conferencia episcopal de Chile, Santiago de Chile 1986 y *Crítica de la economía, mercado democrático y crecimiento*, Programa de economía del trabajo, Santiago de Chile 1994.

[76] Cf la descripción y la reflexión sobre valiosas experiencias que van en ese sentido, presentadas por C. Lora, *Creciendo en dignidad. Movimiento de comedores autogestionarios*, IBC-CEP, Lima 1996.

las responsabilidades están aquí compartidas. Si bien es cierto que la crisis de los años 70 empujó a agencias internacionales, bancos y países a colocar su dinero en las naciones pobres, no podemos ocultar la parte que toca a los dirigentes políticos y a quienes manejaban la economía de los pueblos en desarrollo.

Pero es evidente que el pago de la deuda dejaría –deja ya– a millones de pobres sin un sitio donde dormir. Muchas razones pueden aducirse para una condonación de ella[77]. Pero la más decisiva es la ética, la vida y la muerte de tantas personas. El magisterio eclesial se ha pronunciado claramente al respecto[78]. La Iglesia presente a la vez en los países ricos y en las naciones pobres tiene en este asunto un papel importante.

La fecha simbólica (las grandes fechas históricas siempre lo son) del 2000 queda realzada por el Jubileo que se propone en la *Tertio millennio adveniente*[79]. La significación bíblica de la alegría ante el amor del Señor, de la proclamación de la libertad, del restablecimiento de la igualdad y la justicia y del anuncio de la Buena Nueva a los pobres

---

[77] De orden histórico, por ejemplo, dadas las asimétricas relaciones económicas –por decirlo así– entre los países ricos y aquellos que fueron sus colonias durante siglos. Hace varias décadas J. M. Keynes hizo con toda seriedad un cálculo inquietante. De acuerdo con el economista inglés, si se hubiese puesto el tesoro robado por el pirata Drake, a finales del siglo XVI, a España (así dice Keynes en referencia a una parte –pequeña finalmente– del oro proveniente de lo que hoy llamamos América Latina y el Caribe), al modesto interés de 3/4 %, para 1930 la suma resultante representaría el total de las inversiones de Inglaterra en el exterior (cf J. M. KEYNES, *Economic possibilities for our grandchildren*, en ID, *The collected writings. Essays in Persuasion* 9, *o.c.*, 323-324).

[78] Cf JUAN PABLO II, *Centesimus annus*, 35 y *Tertio millennio adveniente*, 51 (que habla de «total condonación»); PONTIFICIA COMISIÓN DE JUSTICIA Y PAZ, *Al servicio de la comunidad humana: una consideración ética de la deuda internacional*, diciembre de 1986 y *Santo Domingo*, 197-198.

[79] Para un estudio bíblico del tema del Jubileo en su relación con el mensaje de Jesús, ver S. RINGE, *Jesus, Liberation, and the Biblical Jubilee. Images for Ethics and Cristology*, Fortress Press, Filadelfia 1985.

es una llamada a la solidaridad y a la reflexión. Y también a la creatividad para no quedar en una celebración frívola del cambio de milenio. La suerte de los pobres y excluidos, y lo que ello implica en cuanto a nuestra fidelidad al Dios de Jesucristo, se presenta como un exigente y fecundo reto para la teología de la liberación y la teología en general.

El Dios de la vida

La pobreza, nos hemos referido a ello anteriormente, significa en última instancia muerte. Muerte física de muchas personas y muerte cultural por la postergación de tantas otras[80]. La percepción de esta situación hizo que hace un par de décadas surgiera con fuerza entre nosotros el tema de la vida, don del Dios de nuestra fe. La temprana aparición del asesinato de cristianos debido a su testimonio, convirtió en algo aún más urgente esta preocupación[81]. Una reflexión sobre la experiencia de persecución y martirio ha dado vigor y envergadura a una teología de la vida, permitiendo comprender que la opción por los más pobres es, justamente, una opción por la vida.

Una decisión, en última instancia, por el Dios de la vida, por el «amigo de la vida», como se dice en el libro

[80] Es interesante ver cómo la perspectiva de muerte y vida entra en consideración en el campo de la economía, cf del notable estudioso A. SEN, *La vida y la muerte como indicadores económicos,* Investigación y ciencia (julio de 1993) 6-13.

[81] La observación de Juan Pablo II «al término del segundo milenio, la Iglesia ha vuelto de nuevo a ser Iglesia de mártires» es de fácil comprensión en América Latina y el Caribe hoy. Sobre todo cuando añade: «En nuestro siglo han vuelto los mártires, con frecuencia desconocidos» *(Tertio millennio adveniente,* 37). Pero se trata sin duda de una afirmación válida también para otras regiones del mundo.

de la Sabiduría (11,25). En esas expresiones encontramos un modo de decir la fe y la esperanza que animan el compromiso cristiano. La experiencia cercana de la violencia y de la muerte injusta no tolera evasiones o consideraciones abstractas sobre la Resurrección de Jesús, sin la cual nuestra fe sería vana al decir de Pablo. Ella nos hace igualmente sensibles al don de la vida que recibimos de Dios, vida que comprende tanto los aspectos espirituales y religiosos, como aquellos que acostumbramos a llamar materiales y corporales.

De otro lado, la experiencia de estos años ha ampliado las perspectivas de la solidaridad social. Esta debe tener conciencia de la importancia de un respetuoso vínculo con la naturaleza. La cuestión ecológica no afecta solo a los países industriales, aquellos que mayor destrucción provocan en el hábitat natural del ser humano. Toca a toda la humanidad, como lo han hecho ver muchos estudios y numerosos textos eclesiales. Se dice, con razón, que el planeta tierra es una gran nave en la que todos somos pasajeros. No obstante, la misma imagen nos puede servir para recordar que en ese barco común están quienes viajan en primera clase y quienes lo hacen en tercera. Nadie escapa, es cierto, a la tarea de evitar la destrucción de la vida en nuestro contorno natural, pero desde estas tierras debemos estar atentos a lo que atañe a los más débiles de la humanidad. Y reafirmar así nuestra fe en el Dios de la vida, sobre todo en medio de pueblos que han tenido siempre un sentido sagrado de la tierra.

Esta perspectiva puede reclamarse de las correcciones que la Biblia introduce por adelantado a una interpretación abusiva del «dominad la tierra» (cf Génesis) que ha hecho el mundo occidental moderno a través de aquello que Habermas llama la razón instrumental. Las encontramos, por ejemplo, en el libro de Job, cuyo autor afirma que no es el ser humano, sino el amor gratuito de Dios el centro y sentido de todo lo creado. Una teología de la creación y de la vida puede insuflar oxígeno a la teología que se hace desde la preocupación por la justicia, aquella nos ayuda por consiguiente a ampliar el horizonte[82]. Hay aquí una tarea que es, seguramente, fecunda para la reflexión teológica sobre la liberación.

Ella nos hará más sensibles a las dimensiones estéticas del proceso de liberación integral, y que por eso mismo quiere tomar en consideración todos los aspectos del ser humano. El derecho a la belleza es una expresión –y en cierto modo urgente– del derecho a la vida. El ser humano es sujeto de necesidades, pero también lo es de deseos, y en esto llevan razón los posmodernos. Nuestra dimensión corporal nos une de modo especial al mundo natural. Es fuente de gozo del don de la vida. Pero es asimismo interpelación, el cuerpo, muchas veces famélico y doliente, del pobre también gime en la ansiosa espera de «la revelación de los hijos de Dios», como dice Pablo en un bello y algo misterioso texto (Rom 8,19).

Una manifestación del compromiso con la vida es la defensa de los derechos humanos. Los gobiernos dictatoriales de América Latina y el Caribe en la década de los 70 hicieron que muchas energías se volcaran en ese esfuerzo. Era un camino para postular una necesaria convivencia democrática. Debido a ello no se limitó a denunciar los abusos flagrantes de autoridad, sino que pronto señaló con el dedo la inestabilidad política y la

---

[82] Cf J. Moltmann, *Zukunft der Schöpfung,* Kaiser Verlag, Múnich 1977; R. Coste, *Dieu et l'écologie,* Éditions de l'Atelier, París 1994; y, en una perspectiva latinoamericana, L. Boff, *Ecologia. Grito da Terra. Grito dos pobres,* Editora Atica, São Paulo 1996.

injusticia social que constituyen el caldo de cultivo de otras violencias.

Es oportuno recordar acá el apunte de Juan Pablo II respecto del «ambiente humano» (después de haber tratado del ambiente natural) que lo conduce a hablar de «ecología humana» en relación con la estructura social (cf *Centesimus annus*, 38-39)[83]. Estamos aquí ante un tema central, y novedoso, para la vida considerada como un don de Dios.

La teología tiene por delante una tarea importante para profundizar en la fe en un Dios no del temor, sino, como dice A. Camus, «que ríe con el hombre en los juegos calurosos del mar y del sol». Un Dios de la vida y la alegría.

Conclusión

El tiempo presente nos hace ver la urgencia de algo que puede parecer muy elemental: dar sentido a la existencia humana. Diversos factores anotados a lo largo de estas páginas concurren para debilitar o desvanecer los puntos de referencia que hacen que las personas de hoy, tal vez en particular los jóvenes, vean con dificultad el porqué y el para qué de su vida. Sin esto, entre otras cosas, la lucha por un orden social más justo y la solidaridad humana pierden energías y carecen de mordiente.

Una tarea capital del anuncio del Evangelio hoy es contribuir a dar sentido a la vida. Tal vez en los primeros

[83] En esa ecología humana habrá que tener en cuenta la polución que viene de la corrupción que se da en altos niveles del poder político y económico. Una verdadera enfermedad que, aunque presente también en las naciones industrializadas, es capaz de arruinar los tímidos esfuerzos de desarrollo de los países pobres.

momentos del trabajo teológico en América Latina lo dimos por supuesto y adquirido, como también considerábamos como algo dado la inspiración de la fe y la afirmación de verdades fundamentales del mensaje cristiano. Sea lo que fuere de esto, lo cierto es que al presente es necesario inquietarse por los cimientos mismos de la condición humana y de la vida de fe.

Una vez más, nos parece que el compromiso con el pobre, en tanto opción centrada en el amor gratuito de Dios, tiene una importante palabra que decir en este asunto. Ella se coloca en aquello que páginas atrás calificábamos como una tensión entre mística y solidaridad histórica. Lo que no es sino una manera, quizás algo abstracta, de repetir lo que el Evangelio dice con toda sencillez: el amor a Dios y el amor al prójimo resume el mensaje de Jesús[84].

Esto es lo que realmente importa. Debo confesar que estoy menos preocupado por el interés o la supervivencia de la teología de la liberación que por los sufrimientos y las esperanzas del pueblo al que pertenezco, y especialmente por la comunicación de la experiencia y el mensaje de salvación en Jesucristo. Esto último es materia de nuestra caridad y de nuestra fe. Una teología, por relevante que sea su función, no es sino un medio para profundizar en ellas. La teología es una hermenéutica de la esperanza vivida como un don del Señor. De eso se trata, en efecto, de proclamar la esperanza al mundo en el momento que vivimos como Iglesia.

---

[84] J. COMBLIN, *Cristãos rumo ao século XXI. Nova caminhada de libertação*, Paulus, São Paulo 1996.

6

El futuro común de la Iglesia una: la solidaridad en Cristo

Gerhard Ludwig Müller

Una cosa nos han mostrado claramente a los europeos las aportaciones de Gustavo Gutiérrez: la injusticia que existe en el mundo es un factor vigente que solo puede ser superado por la disposición a dirigir la mirada de todos los hombres hacia Cristo. Las preguntas del hombre por su origen, su meta y su modo de existencia, en las que se decide todo, se satisfacen y esclarecen en la disposición a reconocer a Cristo como Señor y plenificador del ser humano. Ahora bien, en esto mismo reside también un nuevo impulso para la teología en Europa. La orientación hacia Jesucristo, el Salvador y Liberador de toda la humanidad, se ha convertido en un tema evidente de la teología.

Pero ¿captamos de forma adecuada las circunstancias de vida que se dan en los países sudamericanos? ¿Percibimos la opresiva pobreza, que cuesta a diario la vida a miles de niños, ancianos y enfermos porque los recursos básicos para una atención vital no están disponibles? O, ¿sabemos de la angustia que sufren los hombres que se encuentran cautivos en su enfermedad y que a menudo no tienen más alternativa que aceptar como salida el tenue resplandor de la esperanza de la muerte, aunque al mismo tiempo saben que en Europa los recursos médicos les salvarían la vida mediante una pequeña intervención?

A las penurias y los peligros existentes se agrega como forma humillante de opresión consciente la falta de educación. Y el no reconocer como problema y remediar esa grave causa de pobreza puede representar incluso un aspecto de la opresión consciente de los pobres. La escolarización, que en gran parte del mundo ha llegado a ser una obviedad, genera el sentimiento de superioridad frente a los países del denominado Tercer Mundo. ¿No deben señalarse aquí las raíces de la explotación, tanto espiritual como material?

Por eso resulta asombroso que, a pesar de todo, en el encuentro inmediato con los hombres en Sudamérica se pueda sentir y ver la alegría y la vitalidad de la fe. El testimonio abierto y la transmisión amorosa de la fe se cuentan entre los mayores tesoros especialmente de estos seres humanos apremiados por las preocupaciones cotidianas por la propia vida.

En muchos encuentros, esta misma fe alegre y vivida se convirtió para mí en motor e inspiración para recordar las condiciones esenciales del ser humano: confiarse a Dios, Creador y Plenificador de todos los hombres. El sufrimiento cotidiano es la realidad que hace pronunciar a los hombres en Sudamérica la petición del padrenuestro por el pan de cada día. No la saciedad orientada hacia el consumo mueve los labios, sino el hambre tremenda.

En la situación económica y políticamente tensa de los países latinoamericanos, los hombres ven su única esperanza y algo de cobijamiento y de seguridad existencial en la Iglesia. Con ella comparten estos hombres en Sudamérica toda su biografía. Frente a la obviedad de confesar su fe, de practicarla, frente a la confianza que se tiene hacia la

Iglesia y la teología, los problemas que a menudo señalan representantes de la teología alemana y del *establishment* eclesiástico se tornan en temas insignificantes.

¿No es acaso así que en Alemania se ha exaltado inmerecidamente la «crítica» rezongona y destructiva a la Iglesia casi como si fuese lo propiamente cristiano? ¿No podemos aprender en esto de los hombres que se confían a la Iglesia porque ven en ella el punto de referencia luminoso para su vida? Ciertos teólogos burgueses e instalados de Alemania son a menudo un obstáculo para sí mismos. Por un lado, exigen un nuevo comienzo, una puesta en marcha de la Iglesia hacia el nuevo milenio, mientras, por el otro, se bloquean a sí mismos con conjuntos de temas que obstaculizan justamente esa puesta en marcha. La Iglesia es interesante y creíble cuando se entiende a sí misma como sacramento en el mundo y para el mundo (*Lumen gentium,* 1), sacramento que establece la inquebrantable relación con Dios y, de ese modo, conduce al hombre a su auténtico destino. En efecto, la radicalidad del anuncio de la Iglesia estriba en su diferenciación respecto del mundo. Ella desenmascara la distorsión del hombre a la condición meramente intramundana, que, en última instancia, le arrebata su verdadera disposición fundamental como criatura de Dios. Del ser criatura se sigue su condición de persona, su dignidad, que, en el vínculo que lo religa a Dios, preserva su intangibilidad e indisponibilidad. En lugar de insistir en exigencias siempre reiteradas que, frente a las penurias de los hombres en Latinoamérica, se tornan en algo totalmente irrelevante, correspondería señalar la luminosidad de la fe que nos redime a todos. Indiscutiblemente, el compromiso de la Iglesia en Sudamérica es de gran magnitud. La laboriosidad y la disponibilidad para comprometerse especialmente por los asuntos de los más pobres es fe realmente traducida y vivida. La responsabilidad es grande. Muchas sectas y grupos pseudorreligiosos se abren camino hasta los hombres. Ofrecer ayuda en este caso es una tarea importante que podrían realizar los cristianos europeos, porque las comunidades sudamericanas, sin recursos financieros, se encuentran a menudo desvalidas frente a las sectas, financieramente poderosas. La Iglesia sirve a la unión a escala global introduciendo una unidad en un nivel totalmente distinto del que es alcanzable a las relaciones puramente naturales.

Quisiera agradecer de manera especial a mi amigo Gustavo Gutiérrez. En las décadas pasadas él ha explicado las estructuras centrales que fundan la coherencia de la llamada teología de la liberación y ha presentado en diversas ediciones una visión de conjunto. Sin embargo, el recuerdo de la teología de la liberación, discutida a menudo con vehemencia, no es un capítulo cerrado de la historia de la teología. Especialmente Gustavo Gutiérrez nos aclara con la ampliación de nuestra perspectiva concentrada en Europa qué significa ser Iglesia universal. Con la teología de la liberación la Iglesia católica ha podido ampliar su pluralidad interna. La teología de Latinoamérica pone a disposición aspectos nuevos y adicionales en la teología que se colocan de forma complementaria junto a una expresión a menudo encostrada de la teología en Europa.

El discurso eclesiológico acerca de la *communio*, la comunidad universal de la Iglesia que se encuentra por encima de las categorías étnicas y nacionales, es también el intento de conducir a la comunidad mundial de los fieles a una solidaridad responsable. «Os aseguro que cuando lo hicisteis con uno de estos mis hermanos más pequeños, conmigo lo hicisteis» (Mt 25,40). Como cristianos no debemos sustraernos a esta responsabilidad. No debemos permanecer ciegos ante la penuria y la pobreza que tienen que soportar nuestros hermanos y hermanas en la fe en Jesucristo. El concilio Vaticano II ha expresado en la Constitución pastoral sobre la Iglesia en el mundo actual la responsabilidad universal de los cristianos con las siguientes palabras: «Los gozos y las esperanzas, las tristezas y las angustias de los hombres de nuestro tiempo, sobre todo de los pobres y de cuantos sufren, son a la vez gozos y esperanzas, tristezas y angustias de los discípulos de Cristo» (*Gaudium et spes,* 1). El Concilio se ve comprometido con una familia humana más estrechamente unida. La catolicidad que aquí se expresa en su descripción originaria como universal, abarcadora de la totalidad, encuentra también su expresión en la Constitución sobre la Iglesia, en la que se habla sobre la «situación de nuestra época», que hace «mucho más urgente» la tarea de la Iglesia, para que «todos los hombres, que hoy están más íntimamente unidos por múltiples vínculos sociales, técnicos y culturales, consigan también la plena unidad en Cristo» (*Lumen gentium,* 1). La Iglesia una de Jesucristo supera las barreras divisorias de las murallas nacionales, étnicas y políticas y conduce a los hombres a la unión más íntima con Dios y entre ellos (cf también *Lumen gentium,* 1). La Biblia nos describe a Cristo como Salvador que nos trae liberación y redención. Él libera al hombre del pecado tanto personal como estructural, que es, en definitiva, la causa de toda injusticia y opresión. Solo Cristo nos hace verdaderamente libres, nos conduce a la libertad que nos ha sido regalada por Dios. Desde esta libertad se nos llama a ayudar a los hombres, porque cada pobre y necesitado es nuestro prójimo.

Así, pues, quisiera comprender este libro como aportación para superar la indiferencia frente al sufrimiento y la penuria de nuestros hermanos y hermanas, pero también como sistema de coordenadas para situar correctamente la teología de la liberación. Ella dirige nuestra mirada hacia Cristo, que como nuestro Salvador y Redentor es la meta a la que tenemos que aspirar sin detenernos. Gustavo Gutiérrez lo expresó en una ocasión de forma muy sencilla y bíblica: «Ser cristiano es seguir a Jesús».

Seguimiento significa un actuar concreto: «El que practica la verdad va a la luz, para que se vean sus obras, que están hechas como Dios quiere» (Jn 3,21). El Señor mismo nos indica con ello el compromiso inmediato con los pobres. Hacer la verdad nos lleva al lado de los pobres.

Índice

Págs.